抛開既定印象，用最新

經濟學手法解決問題！

●上野雄史、星野崇宏、安田洋祐、山口真一 著
●今井誠、坂井豐貴 編著

前言 貪婪地運用沉睡的學識

Economics Design有限公司共同創辦人．代表董事　今井誠

將經濟學活用在商業上的動向，終於也逐漸在日本活絡了起來。這本書是由在第一線活躍的經濟學家各自現身說法，各位只要看目次，應該就能大致掌握那個感覺。

這本書是由六個人執筆，除了我本人以外，其他五位都是在大學做研究的經濟學家。我們透過Economics Design這家公司，共同將最先進的經濟學實際運用在商業經營上。

我們處理的案件不分行業。工作內容包含分析客戶資料、調查放棄率，推估能賺取最大利潤的價格，設計測試商品良率的評分函數，將ESG投資所需的

非財務資料函數化，設計新服務和商品市場。這些全部都會直接關係到企業的收益，而且只是我們業務的一小部分。

在學問的領域裡，仍有許多有益於商業的學識還在沉睡當中。「沉睡」是我們最直接的感受。學問領域和商業世界並沒有完善接軌，對商業有益的學識都是靜靜地塵封起來，未能使用，這樣太可惜了。

這個世界上，不可能發生「自己面對的課題是史上首見」的狀況。這些課題有極高的機率早在過去就有類似的課題，而且已經有前人試誤了。學問就是整理這些過去的經驗，將理論建構成體系，製作成未來可用的道具。為了避免「重造輪子」浪費時間，站上巨人的肩膀上（standing on the shoulders of Giants）才是明智的作法。

美國從一九九〇年代開始，就已經出現企業將經濟學活用於商業的趨勢。日本是從大約二〇二〇年以後才出現這股動向，但尚未達到滲透社會的程度。

這其中有很多理由，我認為其中一個因素，就是貪婪程度不同。如果日本的企業，以及在企業裡工作的人能夠貪心一點，試圖把學問轉化成利潤的來源就好了。過去我們未能善加運用，所以今後肯定大有可為。

希望這本書，能夠促使各位開始貪婪地運用沉睡的學識。

二〇二二年三月

目次

經濟學「可以用」，這句話是什麼意思？

為什麼Google和Amazon要雇用經濟學家？

有經濟學背書的商業策略是什麼？

2章

在網路上開拓新市場

——慶應義塾大學經濟學系教授 坂井豐貴

經濟學具體而言是怎麼運用在商業上的？

為什麼經濟學家能夠為商業賦予新的價值？

經濟學的效用可以跨出體系的理由。

PART 2

沒有經濟學知識也OK！學會就能改變事業結果的四個工具

如何將「早已有答案」的最新經濟學智慧應用在現場？

3章

將利潤最大化的工具＝「FSP-D」模式的基礎知識

——國際大學全球交流中心副教授　山口真一

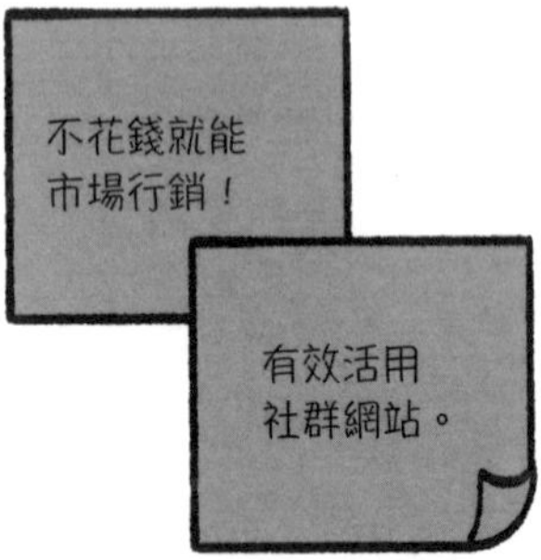

好擔心削價競爭太激烈、商品滯銷、顧客流失、顧客高齡化……

了解活用數據而得以迅速崛起的企業背後的祕訣。

4
章

依據全球標準學識的全新客戶關係管理

——慶應義塾大學經濟學系教授　星野崇宏

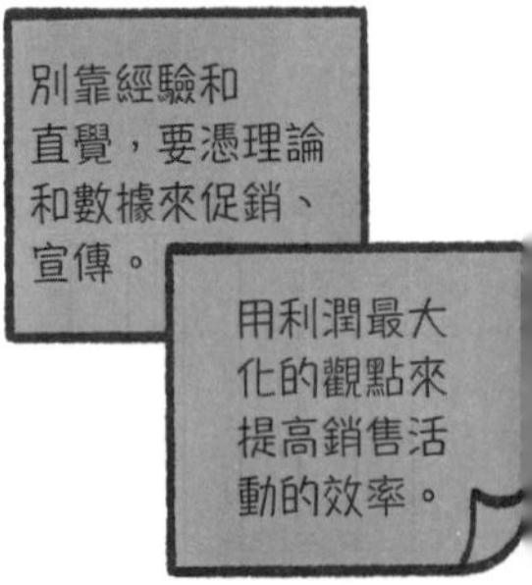

別靠經驗和直覺，要憑理論和數據來促銷、宣傳。
用利潤最大化的觀點來提高銷售活動的效率。

認識能夠再度創造利潤的方法。

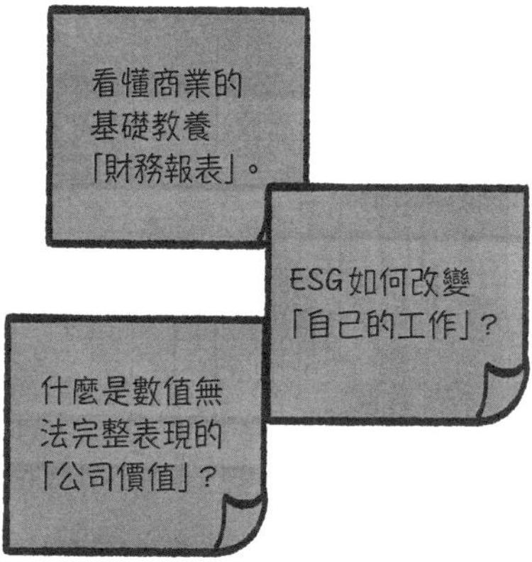
看懂商業的
基礎教養
「財務報表」。
ESG如何改變
「自己的工作」？
什麼是數值無
法完整表現的
「公司價值」？

6
章

無用的會議為何無用？能如何改善？

——慶應義塾大學經濟學系教授　坂井豐貴

開會的
最佳人數
是多少？

提高會議產
能的重點是
什麼？

如何避免無
用的會議？

終章

只要為商業加入經濟學觀點，就能加速拓展新商機

——Economics Design有限公司共同創辦人・代表董事　今井誠

PART 1

為什麼現代「工作人」少不了經濟學？

終結職場上的「直覺、權宜之計、拙劣效仿、堅毅精神」導致的徒勞奮戰

1章

作為商務人士「武器」的經濟學

——大阪大學研究所經濟學研究科教授　安田洋祐

本章目標
為什麼Google和Amazon要雇用經濟學家？
有經濟學背書的商業策略是什麼？
經濟學「可以用」，這句話是什麼意思？

經濟學其實是更有益於商業、現實生活的學問

本書的主題是**「經濟學」這門學問如何對商業有益，以及該如何運用才能發揮益處**。

不過，應該有人會感到疑惑，難道在現在這個階段，「學問幾乎沒有運用於商業」——說得更清楚一點，難道「學問對我們的生活和社會，幾乎都沒有直接或間接的關聯」嗎。

尤其是人文科學和社會科學，即使在某個學問領域學習，覺得自己「增廣見聞了」、「對事物的看法或觀點改變了」，工作也沒有因此更順利，日常生活也沒有更美好。應該很多人都有這種感覺。

本書的目的，就是要**改變「學問對我們的日常生活毫無用處」的普遍認知**。學問並不是只要在書桌前學習，能夠在現實社會上學以致用，才能發揮它真正的價值。而另一方面，我也感覺到許多學問並沒有傳達到學以致用最需要的、重要的應用方法。尤其是我專門研究的經濟學，更是「對現實社會非常有用，卻沒有發揮出真正價值的學問」之最。

趁著撰寫第一章的機會，我將標題定為「作為武器的經濟學」，就是為了強調過去很可惜未能充分傳達的，經濟學的實用性。

我特意在這裡用了「武器」這個強烈的字眼，但它當然不是攻擊、破壞的意思。它的真正意思，是**「有助於改善生活和擴展利潤的有力工具」**。而且它跟真正的武器一樣，只要比對手早一步使用，就能搶占優勢。

為什麼經濟學會被人誤以為「沒有用」？

光是了解武器的結構和可以運用的對象並沒有用。雖然這是廢話，但要實際用了，它才會真正有用。

我認為在經濟學的教育當中，缺乏這個「使用」的觀點，只停留在「明白」和「理解」的程度。好比說懂得如何處理經濟數據、了解市場的架構，也就是僅止於學習教科書上完整的科學理論。

從這個程度**更深入，就能解決現實的問題。實際上，經濟學早就已經達到這個階段了**。

當然，現實裡發生的事**不會跟教科書上所寫的一模一樣**。即使狀況相似，也不會完全相同。完整的科學理論是掌握現實狀況非常有用的指標，但是光靠理論根本無法因應。

打個比方，我曾經參與一個果菜市場的設計案件。教科書上的市場理論當然很有用，但是，教科書裡卻把所有商品全部混在一起當作「財貨」。不管是蔬菜還是原子筆，都全部視為抽象的「財貨」。

但構思果菜市場的設計，必須要考慮到果菜特有的難處，具體來說就是果菜放久了會腐壞、交貨地點要設置在有冷藏設備的地方等等。若要遵守規定的出貨期限，就必須確保物流暢通。有些農家不習慣操作先進的機器，所以必須建構只要用非常簡單的操作方式就能完成交易的流程。

換言之，就是**需要面對個別的問題來一一解決**。這與其說是科學，不如說是工程學會更貼切。感覺上就是「利用科學逐步了解問題，再用工程學解決」。

我覺得現在大學的經濟學教育，嚴重缺乏這個工程學方面的要素，甚至有不少大學幾乎不會教這方面的東西。科學固然重要，但是只偏重科學的話，會導致學習失衡。

為了讓經濟學在現實社會中派上用場，必須要「科學」與「工程學」兩者兼具。而經濟的「科學」和「工程學」兩者合一，才是本書想要告訴大家的「作為武器的經濟學」。

在商業上實際運作的「工程學化」經濟學

自然科學當然很重視工程學。經濟學的歷史很短，大約是在二十世紀中葉才成為真正的科學，直到近年才終於進入重視工程學的階段。

說得更詳細一點，二〇〇二年，美國經濟學家阿爾文・羅思（Alvin Elliot Roth）發表了一篇論文〈The Economist as Engineer〉，改變了整個經濟學界的氣氛。

或許有人想問「氣氛是什麼？」氣氛可是很重要的喔。畢竟學問是人類創造的，自己要創造什麼東西、評論別人創造的東西，都會深受學界的氣氛影響。

羅思本身是發展工程經濟學的學者。他對腎臟移植配對和實習醫師制度的設計貢獻良多，榮獲二〇一二年的諾貝爾獎。

題外話，本書第二章、第六章的作者坂井先生，在讀研究所時期曾經有機會與羅思單獨對談半個小時，據說這段經驗改變了他的人生。他原本一心一意注重科學方面的研究，卻因此轉向注重工程學，如今則是致力於商業上的實際運用。

所以，如果沒有羅思掀起這股風潮，我們這群人或許就不會合夥創辦Economics Design了。我想再次鄭重感謝這位偉大的諾貝爾經濟學家帶來的貢獻（笑）。

言歸正傳。工程經濟學的歷史還很短，尤其是現在日本社會的中堅分子，除非是格外勤學的人，否則應該都沒有聽過工程經濟學吧。就算是經濟學系畢業的人，應該也幾乎不清楚這是什麼。

我的口氣可能有點嚴厲，但就是因為這樣，經濟學才會還沒成為日本企業的武器。

我最遺憾的是，如果各大企業願意積極聘用經濟學博士，讓商務人士與經濟學家有廣泛的人事交流的話，工程經濟學就會更早在日本社會普及了。

當然，沒有創造出這股潮流，要歸咎於專注於科學教育、疏忽工程學教育的大學。這一點，讓日本至少落後美國二十年。那要怎麼樣才能改變這個狀況呢。

身為商業合夥人的經濟學家能做到的事

讀到這裡，或許會有人覺得「這是要我現在開始學經濟的科學和工程學……嗎？」於是感到全身無力吧。

不過請放心。如果一個人不夠力，只要找來更多有力的夥伴就好。各位可以回想一下有「經濟學之父」稱號的亞當・斯密（Adam Smith）提倡的「分工的效益」。沒有必要一個人，或是只由自家公司一肩扛起，這種做法通常沒有效率。

要從「科學」和「工程學」這兩面，將經濟學應用於商業上，經濟學家就是

為此而存在。

這話聽起來可能像在自誇，但是讓經濟學家加入事業團隊，才是改變現狀的有效手段。招攬擁有實用武器的專家加入，由團隊來加以運用。

屆時，重要的不只是經濟學，還有如何善用經濟學家們的智慧。這就是負責寫「前言」和最後一章的今井先生，一直以來運用包含我在內的多位經濟學家的智慧，「使用經濟學家」的專業技巧。我先稍微洩露一下後面的內容，例如今井先生十分強調千萬不要有「師生」關係。**經濟學家往往會被擺在類似「老師」的位置，但這樣一來，站在「學生」立場的人，會很難教導「老師」商業的狀況和性質**。

本書有多位專家登場，他們會根據各自的專業領域介紹「作為武器的經濟學」。經濟學和經濟學家，對於個別的商業課題會以什麼形式發揮作用呢。**只要**

能夠掌握大致的感覺，在有需求的時候找到合適的經濟學家、「尋找夥伴」的過程一定也會順利許多。

前面說得可能都還有點抽象，不過接下來，我也會以自己的專業領域為主，跟大家談談具體的「武器」。

我要介紹的，就是「市場設計」和「需求分析」這兩者。

作為武器的經濟學①
市場設計

市場設計就是設計、改善廣義的市場。

我之所以說廣義，是因為這裡所謂的「市場」，也包含了沒有金錢交易的各種場合。

舉例來說，買賣股票的東京證券交易所、買賣海鮮和果菜的豐洲市場，都屬於有金錢交易的場合，也就是一般人認知的市場。而另一方面，兒童、學生分發到各所學校的學校選擇制、腎臟病患者與器官捐贈者的移植配對，則是沒有金錢交易的場合，這就不是一般所說的市場，因為分發和配對其實是資源分配的問題，和一般市場非常相似。具體來說，學校選擇制是將各所學校招收的學生人數，腎臟移植則是將器官捐贈者提供的腎臟，將這些有限的資源分配給各個兒童或學生、患者，要處理的是如何分配的問題。

「配對市場設計」

我本身長年從事學校選擇制的配對研究。

假設有個地區有多所公立國中。學生們想要去上這幾間學校，但每個人偏好的順序不一樣。各所公立國中也會希望招收到住在學區附近的學生，或是哥哥姊姊已經入學的學生，每間學校想招收的學生優先順序都不同。

那要怎麼做才能讓學生跟學校，在雙方都能達到某種程度的滿意情況下配對成功呢。我處理的就是這種問題。

詳情就恕我省略，總之只要用蓋爾－沙普利演算法（以下簡稱「ＧＳ演算法」），就可以穩定配對，並且得出非常搭配的組合。到這一步，在教科書上都可以學到。

那麼，就是直接使用GS演算法來解決問題嗎？在現實中大多數的場合，其實不能就這樣直接使用。

以美國為例，有不少學校會採取平權行動，優先招收在社會上處於劣勢的非裔學生。於是，為了能夠尊重平權行動，就必須修改GS演算法。

然而，這是個非常艱難的問題，至少絕對無法用隨便想到的方法來解決。它困難的地方在於，要盡可能**避免削減GS演算法的優勢**。只有配對理論的研究者才能夠勝任這份工作。

為了解決問題，委託專門的研究者會太小題大作嗎？我認為這絕不是小題大作。**要是沒有妥善修改演算法，許多學生就會進入不適合他們的學校，可能會**

對他們往後的人生成造成嚴重的負面影響。這種憾事應當要儘量避免。

不過，雖說是平權行動，但種族方面、性別方面，每個案例還有許多因素要考量。

即使科學研究出了DS演算法，可是一進入應用階段，仍需要運用工程學根據個案來調整，而這項工作的難度相當高。

「拍賣市場設計」

前面提到的羅思，在二〇一二年榮獲諾貝爾經濟學獎，不過活躍於市場設計領域的人並不是只有他而已。

談到商業應用，有「讓Google成為世界第一的經濟學家」之稱的哈爾・范里安（Hal Ronald Varian），設計出了Google關鍵字廣告的拍賣銷售方式。

只要在Google輸入搜尋的關鍵字，搜尋結果的頁面上會一併出現醒目的廣告。例如我們輸入「沖繩」作為關鍵字，就會搜出旅行社的廣告。因為旅行社以拍賣的方式出價買廣告，只要有人輸入「沖繩」這個關鍵字，就會觸發廣告。

日本也有很多銷售廣告的企業，卻沒有像Google那麼大張旗鼓、活用最先進的經濟學來設計銷售原理，應該大多還是憑著業務員的直覺和經驗來推銷。

我稍微離一下題，直覺和經驗——尤其經驗——是過去累積在我們腦內的資料發揮作用的產物。既然要用的話，最好盡可能把經驗轉換成整理好的資料集，再加上適當的資料分析。

此外，**在時代變化劇烈、無法預測未來的時代，不要光憑直覺來行動，也要借助理論來掌握大局**。

學問在商業上的應用，和直覺、經驗看似不太合拍，但**實際上兩者是互補的關係**。在組織內部累積的直覺和經驗，有些十分精準，有些則不然。**只要用學問**

來驗證，出色的直覺和有用的經驗就會「顯化」。這種運用方法也是一門學問。

拍賣也包含了「科學」，但光是這樣並不能設計出關鍵字廣告的拍賣。

舉例來說，關鍵字廣告的拍賣是在網路上即時進行。不同於蘇富比和佳士得這些美術商舉行的拍賣會，出價者不會齊聚一堂，參加者也是不特定的多數人，因此無法直接套用美術商採用的拍賣方式。適合關鍵字廣告的方法，必須要透過工程學來設計才行。

在Google公司設計出這套關鍵字廣告的范里安，原本是任教於美國加州大學柏客萊分校的知名教授，他在二〇〇二年成為Google公司的顧問，二〇一〇年轉為首席經濟師。

由他首開先例，美國的資訊科技企業在二〇〇〇年代以後，便開始積極聘雇經濟學家、有經濟學博士學位的人士了。

科學的「賽局理論」

我可能有點太過強調工程學的重要性了。

事實上，市場設計本身，是以賽局理論這門科學為基礎。賽局理論是分析策略狀況的一種數學理論，也是市場設計的基礎理論。

這個世界有很多人，每個人都是以自己的意志互相關聯。這個關聯包含了像是一對一談判這類直接的關係，還有在社會上隱約互相影響的間接聯繫。

舉例來說，在新冠疫情初期發生了廁所衛生紙短缺的狀況。預料到廁紙會短缺的人，即使當下供應並沒有真的減少，他們也會比平常添購更多廁紙。當這種人一多起來，廁紙的需求就會一時暴增，導致供不應求，於是引發真正的短缺。

每一個個體在社會上的影響力很小，但集結起來就會造成大規模的社會現象。像這樣在互相關聯的多數人當中，每個人該怎麼做出決策呢？

用數學模式來解開這個問題的，就是名為賽局理論的科學。

賽局理論是在一九四四年，由約翰・馮諾伊曼（John von Neumann）和奧斯卡・莫根施特恩（Oskar Morgenstern）合著的《賽局理論與經濟行為》奠定的理論。我前面說過，經濟學是在二十世紀中葉正式科學化，而那個時代最重要的研究之一，就是這個賽局理論。

作為武器的經濟學②需求分析

前面已經介紹完屬於我專業領域的市場設計了。**市場設計在各種經濟學領域當中，所具備的工程學要素格外強烈，也是正在實際投入商業運作**的領域。

不過，它可以運用的場面還非常有限，可能也有人覺得它很小眾。

我第二個要談的「需求分析」，則是**可以更廣泛活用於商業上的武器**。所以，我們就稍微畫個大餅，先來思考一個在商業上的大哉問吧。

商業永遠的課題——「提高附加價值？還是降低成本？」

我要唐突地問大家一個問題。

請提出「兩個」可以幫公司增加利潤的方法——你會怎麼回答呢？利潤就是將營業額扣除成本後剩餘的金額，公式如下：

利潤＝營業額－成本　…【利潤①】

要增加利潤，就只能提高營業額或降低成本（抑或是兩者同時進行）。前者的做法是提供更好的產品或服務，吸引更多人購買；後者則是加強工作效率、削減各項經費，以增加利潤幅度。

也就是「提高商品的附加價值」，或是「降低生產花費的成本」，這兩點就是公司增加利潤的基本策略。

那麼現實上，企業大多都是採用哪個策略呢？從結論來說，**選擇「降低成本」的企業占了絕大多數**。

因為，降低成本可以讓公司繼續維持原有的產品、原本的銷售方式。只要能夠透過投資、努力和改善來成功降低成本，這些效果就會直接轉化為利潤回饋給公司。

舉例來說，有項商品平均一個需要花800圓的經費來生產，售價1000圓。假設在製造到流通的過程中無所不用其極「大砍成本」，變成只要700圓就能做出商品。當這項商品同樣定價1000圓，這樣利潤幅度就會從200圓變成300圓。其中多出的100圓，就是削減成本的同時確實賺取的利潤。

相較之下，要推出更好的商品、吸引更多人購買，就沒有那麼簡單了。滿懷自信推出的產品或服務沒有人買帳……凡是從事企劃研發相關工作的商務人士，應該都有過這種經驗。

即使好不容易推出優秀的商品和服務，或是感覺到自己在產品上的「創新」，但若是賣不出去，就不會增加任何利潤。

創造附加價值，跟降低成本不同，需要花很多時間才能增加利潤，不確定性也很高。就這個意義來看，附加價值跟利潤之間有很大的落差。

換言之，比起能夠立竿見影的降低成本，提高附加價值來獲得利潤的難度更高。就結果而言，「減少目前已知的成本」會比「創造未知的新商品」做起來更容易。

反過來思考，**如果要促使企業內部加速進行提高附加價值的投資和對策，就需要設法排除「提高附加價值↓增加利潤」的阻礙。這一點其實也會用到作為武**

器的經濟學，後續將會詳細介紹。

另一個增加利潤的方法——「這個訂價正確嗎？」

我們已經知道增加利潤有兩個方法，就是「提高附加價值」和「降低成本」。其實要增加利潤，還有與這兩者截然不同的第三個方法。正確來說，**大多數企業都有另一個「通常可以成功增加利潤」的方法**。在介紹這個方法以前，請各位先回答下面這個問題。

「如果要增加利潤，就應該要訂立出可以儘量提高營業額的售價。」

你認為這個觀念是對，還是錯呢？

回想一下前面的【利潤①】，利潤就是營業額扣除成本所得出的金額，所以盡可能提高營業額，感覺就可以獲取更高的利潤。

但是，這個問題的答案卻是**「錯」**。為了解釋這個答案，我要再詳細重寫一遍【利潤①】的公式。

利潤＝（價格－平均成本）×銷售量　…【利潤②】

這個【利潤②】是價格和銷售量顯示出的最大特徵。購物車裡每件商品的利潤幅度（margin，以下稱作「邊際」），乘以總銷售量，就能得出利潤。

和利潤一樣，營業額也能用價格乘以銷售量計算出來，公式如下。

營業額＝價格×銷售量　…【營業額】

一般來說，幾乎所有商品只要一漲價，需求就會降低。這種現象稱作「需求法則」，是經濟學裡最簡單且普遍的法則之一，意思就是價格上漲會導致銷售量下跌。

這代表在【營業額】的公式裡，只要「價格上漲的幅度」沒有超過「銷售量減少的幅度」，兩者相乘後的營業額就不會增加。

我們來用具體的數字思考看看。

請大家想像一下，假設現在有項商品漲價10％後，銷售量減少了20％。訂價1000圓時能賣出一萬件的商品，在漲價成1100圓之後，變成只能賣出八千件。

這時，營業額從1000萬圓下跌至880萬圓，少了120萬圓，相當於減少12％。從增加營業額的觀點，可以看出漲價並不能帶來理想的結果。

然而，營業額減少的同時，利潤還是有可能增加。這到底是怎麼一回事呢？

假設現在一件商品的平均成本是８００圓。將漲價前與漲價後的價格、平均成本、銷售量套入前面的【利潤②】公式計算後，分別得出的利潤如下。

・漲價前的利潤＝（１０００－８００）圓×一萬件＝２００萬圓
・漲價後的利潤＝（１１００－８００）圓×八千件＝２４０萬圓

怎麼樣？漲價後利潤從２００萬圓增加成２４０萬圓，可以看出的確增加了20%吧。

這種不可思議的現象，原因就出在邊際大幅提高了。

邊際從漲價前的２００圓上升到漲價後的３００圓，一口氣增加了50%。

這就是為什麼銷售量從一萬件減少成八千件，下跌了20%，利潤卻增加的原理。

以上計算套用的是解說用的虛構數值，但應該很多人都因此感受到**漲價和訂**

價的潛在威力了吧。

而且，需求分析還能讓我們學到另一個普遍的啟示。

〈啟示〉為了提高利潤，應當不惜犧牲營業額，也要積極漲價！

當然，商品訂價已經相當高昂的企業，就沒有必要再漲價了。至於漲價的最佳幅度，則是會因企業或商品的狀況而異。

這個〈啟示〉的重點，在於**漲價後營業額也不會下降的價格水準，代表訂價比能創造最大利潤的價格要低太多，也就絕非最佳價格**。這也可以解釋成「如果要提高利潤，就必須要強勢漲價」。

也許，日本經濟遲遲無法擺脫通貨緊縮的圈套，其中一個原因就是企業不了解訂價的重要性，也就是對大多數企業來說，需求分析並不是一項可用的武器。

雖然我不知道這個假說是否正確，不過**只要精準預測自家產品或服務面臨的需求，重新評估訂價策略，（就算不提高附加價值和削減成本）即可增加利潤**。

題外話，使用市場相關的公開資訊和客戶資料來預測需求的，是學過統計學和計量經濟學的數據科學家。他們不只是會處理本章提到的訂價，還包含網站的設計和廣告推播方式等等，在銷售和傳播方式改變的時候，精密分析潛在客戶的需求會如何變化。

近年來，以GAFA（Google、Apple、Facebook、Amazon）為代表的美國知名資訊科技企業，全都會聘用數據科學家。Amazon公司光是擁有經濟學博士學位的專家，就聘雇了一百位以上。

這股潮流，足以說明以需求分析為主的數據分析，作為武器能夠發揮多大的用處了。

經濟學是對賺錢「也」有用的學問

最後，我想告訴同行的各位經濟學家幾個注意事項。當經濟學家與商務人士合作時，需要克服幾個難關。

首先是相關業界的知識。由於我們平時是在大學和研究機構裡工作，對於該業界的狀況和商業慣例一無所知。所以**雙方必須要慎重地溝通**，單純地建立良好關係、取得對方的信賴，是經濟學家需要特別去做的努力。

接下來，經濟學家除了科學以外，在工程學方面的要素更要講求眼光。意思是在現實問題上，總會有運用科學和工程學後依然無法理解的部分。為了處理這些部分，就需要獨道的眼光。

而且，不要受到至今還殘留的一些傳統價值觀影響，別把賺錢看成是比政策建議、單純的研究還要低等的行為。

我本身也多次聽到德高望重的老師耳提面命：「經濟學終歸是一門解開經濟的運作原理、讓社會更富裕的學問，並不是為了賺錢的學問。」這句話說好聽一點是要自制，亦可解讀成經濟學家要避免被人當作拜金主義者，我本身也能體會這個心情。

但是，沒有必要將學問看得那麼狹隘。商業是一種為顧客提供價值，並收受報酬的活動。**能夠賺錢，就意味著顧客也感受得到付出報酬所換來的價值**。雖然也有例外，但賺錢能為社會孕育出新的價值。

相反地，即使開發出可以提高顧客價值的服務，倘若沒有活用經濟學、訂價策略失敗的話，利潤就不會提高。這樣好不容易開發出來的服務就無法普及，最糟糕的是對這項開發的投資還會中斷。賺錢就是以這種形式，讓社會更加富裕，更何況只靠公共政策根本不可能打造出富裕的社會。

即便是純粹的學術研究，最終也是要化為某種形式、被人使用才有存在意義。增加應用在商業上的場合，可以提高純粹研究的存在意義。

商業應用、政策建議、純粹研究，全部都很重要。

人往往以為「只要做得出好東西，自然就能賣出去」。在將專業精神尊為美德的日本，這種風氣或許更加強烈。但是，**就算製造出好東西，如果不推廣出去讓大家知道，那就跟不存在沒什麼分別**。所以宣傳、廣告、行銷才會那麼重要。

專家做的研究，其性質就是無法讓專家以外的人輕易理解、運用。既然如此，我們這些專家就不要被動等待別人使用，而是盡可能將自己的學識加工成方便運用的武器，主動上門提供給願意使用的人就好了。

各位經濟學家，要不要試著打磨自己的武器、踏進商業世界呢？
各位商務人士，要不要試著開始跟專家一起攜手合作呢？
我希望「經濟學×商業」的絕佳組合，可以在日本推廣開來。

有經濟學背書的商業策略是什麼？
為什麼Google和Amazon要雇用經濟學家？
經濟學「可以用」，這句話是什麼意思？

重點整理

- 經濟學是改善生活、擴展商業利潤的實用武器。
- 「學識的科學」以及「實際運用於現場的工程學」，才是經濟學活用在商業上的主軸。
- 大略想像「經濟學能做到的事」，就可以在需要的時候順利接觸到適合的經濟學家。
- 經濟學對於「提高附加價值？還是降低成本？」的問題，可以再提出第三種解方。
- 對今後的經濟學來說，在商業方面的應用、政策建議、純粹的研究，全都有重要的存在意義。
- 經濟理論可以配合商業多元化的現場量身訂做。「經濟學×商業」的絕佳組合，能夠開創商業的全新可能性。

2章

在網路上開拓新市場

——慶應義塾大學經濟學系教授　坂井豐貴

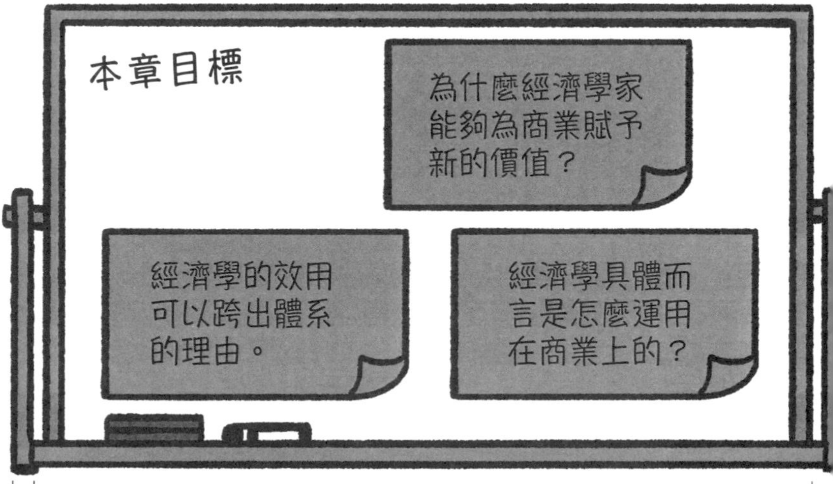
本章目標
為什麼經濟學家能夠為商業賦予新的價值？
經濟學的效用可以跨出體系的理由。
經濟學具體而言是怎麼運用在商業上的？

網路市場是人工產物——無法靠「自然發展」成立

這世上有很多提供市場的服務。以網路為例，有Amazon和日本二手交易平台美露可利（Mercari）；以實體為例，則有販賣海鮮的東京豐洲市場、街頭的跳蚤市場。這些全都是提供賣家和買家交易的市場。

即使規模不像Amazon和美露可利那麼大，網路上也還有其他無數個市場。例如我們公司經營的購物網站，雖然賣家只有本公司，但同樣是會有買家來交易的市場。

市場是人工產物。以前的經濟學家經常會說「市場是自然成立的」，人群會不約而同聚集，並自動生成買賣的機制。實體市場的確具有這種「非人工」的一個層面。

但是，網路市場就是完全的人工產物了。有程式設計師寫出程式碼，網路上才會出現市場，而且買賣雙方在那裡能做的事，都完全受到程式碼的制約。比方說，各位現在讀的這本書也在Amazon上架，但買方不能在網站上講價、要求「我買一百本，給我一點折扣優惠」，因為網站設計上不允許這個行為。

實際上，實體市場只要有營運者準備適當的場地，其他方面就是事在人為。跳蚤市場就是一個典型的例子，參加者可以彼此協調、以物易物，交易方式的自由度很高。

站在經營市場的角度來看，網路市場的設計有非常大的空間，**也就是因設計而成功的空間很大，失敗的空間也很大**，所以很多事情必須要考慮周詳。但能夠察覺這個問題的人並不多。恐怕要學過經濟學才有可能察覺這種問題，即使察覺了，也不知道該怎麼處理。

近年的經濟學在市場設計方面，研究和應用都有所進展。雖然在應用上比較興盛的是美國，不過日本也開始出現這股動向了。我本身也和日本企業合作，為各種商品設計網路市場。

網路市場的好處是方便導入拍賣。拍賣不是由賣方訂價，而是由買方競相出價的市場機制。像金融商品這種每天價格都在浮動的商品，以及藝術品這些價值因人而異的商品，沒辦法做出公道的訂價。訂價太高會滯銷，訂價太低又會虧損。而能夠解決這個問題的銷售方法就是拍賣。

在經濟學自成一個領域的拍賣理論誕生於一九六〇年代，到一九九〇年代才急速發展。其發展與網路的普及如出一轍。

我大概是日本的經濟學家當中，第一個設計正式拍賣市場的人。我想在此向大家傳授我的經驗，還有幾個相關的技能知識。

打造賣家和買家雙贏的拍賣市場

我最早接觸拍賣設計，是在二〇一八年。那年春天，本書的共同編著者，也是我國高中同學的今井誠聯絡了我。他的公司是以拍賣的方式出售不動產，希望我能幫助他們改良和研究拍賣的機制。他是看了我的著作《市場設計》（筑摩新書），才知道我正在從事拍賣的研究。

從那時起，我就開始跟今井一起設計不動產拍賣市場、整理理論。而且，這場拍賣是在網路上進行，意思就是設計的空間很大。

話說回來，不動產很適合用拍賣出售，土地更是如此。理由有三個。

第一個理由，不管是哪裡的土地，都只有一塊。如果土地位在熱門區域，當自己在出售土地時，附近通常很少會有土地也在同一時期出售。因為土地是獨一無二的商品，所以沒有所謂的行情價。這種商品很難訂價。相較之下，位於熱門區域的分戶華廈（分戶出售的公寓大樓）訂價就很簡單。因為市場上經常會有許多相似的物件出售，就會形成行情價格。

第二個理由，土地是不會有物理性老化的資產。建築物就會出現物理上的老化損壞。沒有物理性老化的物品將來可以再次出售，所以資產性很高。這就表示將來的價格會反映在現在的價格上，但是將來的價格還無法確定，所以現在的訂價也相當困難。

最後是第三個理由，土地會因為「這座城鎮令人留戀」等個人因素，導致價值出現很大的差異。簡單來說，就是每個人願意為這塊地支付的金額差距很大。土地昂貴，訂價失誤造成的利潤損失就會很大。能夠賣1億圓的土地，要是少估了10％、只用9000萬圓就賣出的話，等於損失1000萬圓。

基於這種理由，土地最適合以拍賣的方式售出。嚴格來說，有兩位以上的買家、相當搶手的土地最適合拍賣。所以就讓想要那塊土地的人競相出價。

我個人偏好的拍賣方法是升價拍賣。例如物品的起標價是5000萬圓，出價者就要不斷往上抬價「5100萬圓！」「5120萬圓！」隨著價格上升，放棄的出價者會越來越多，最後只剩一個人出價時，競標才會結束。

除了升價式拍賣以外，還有其他各種方式，不過這裡就不詳細補充了。有興趣的人，可以參閱坂井豐貴・Auction Lab著《メカニズムデザインで勝つ》（日經BP）這本書。

升價式拍賣對買賣雙方都有利。賣方容易賣出高價。而買方只要願意比競價對手付出更高的價格，就能確實買到，這個買方的優勢很容易被忽略，卻是非常重要的。

設計實務的注意事項

升價式拍賣在接近結標時間時，投標會蜂擁而至。假如下午六點結標，在五點五十九分後就會陸續有人投標出價，這個現象稱作「狙擊（0）」。

一旦發生狙擊現象，就算競買人心中有個願意提出的最高價格，也沒有機會贏得競標。這會導致賣方可能賣不到更高的價格，買方有意出高價也未必買得到，無法發揮升價式拍賣的競爭原理優勢。這就不是憑價格競爭，而是投標當下憑運氣贏得競標。

解決狙擊現象的方法，是透過實務和實驗累積而成。這裡就提出兩個方法。

第一個方法是設定延長時間。如果有人在結標十分鐘前投標，就會從他下標的時間延長十分鐘。如果這段時間內有人出了更高的價格，則是再延長十分鐘。

這會一直持續到再也沒有新的投標。我們公司的不動產拍賣就是採用這個方式。不過，延長時間的缺點，就是在有眾多出價者時會不斷拖延下去。自動程式在網路上透過機器人（bot）不斷出價的話，時間就會愈拖愈長吧。

第二個方法是使用蠟燭，不會嚴格設定結標的時間，而是在燭火熄滅的那一瞬間結標。另外有一個跟這個方法的原理幾乎相同，名為波卡（Polkadot）的區塊鏈項目，為了取得某種資格的拍賣就會使用這個方法（稱作「平行鏈插槽拍賣」）。這個方法的設計者之所以選擇蠟燭拍賣法，大概是因為網路是個很容易使用機器人出價的環境。如果想要哄抬價格，會激發競爭意識的延長時間法會比較好。但平行鏈插槽拍賣的目的並不是提高得標價，所以用蠟燭拍賣法就好。

重要的是依環境和目的選出拍賣方法的大方向，再詳細調整細節。在升價式拍賣這個大方向，要用延長時間法還是蠟燭法。只要有一個細節弄錯，可能就無法展現拍賣的優勢，或是明顯影響使用者體驗。

「特製商品」不可少

實際運作的成本考量在實務上也很重要。如果要採取延長時間法，營運方就要花費人事支出。如果採取蠟燭法，使用實體蠟燭就要一筆蠟燭經費，使用網路執行則需要花費讓參加者接受「結標時間不固定」的成本。

以前，我幫一家叫作Gaudiy的新創企業，設計區塊鏈遊戲的卡牌銷售拍賣機制。新創企業通常人手不足，而且防止狙擊下標也並非最重要的課題，所以不應該讓優秀的工程師花太多時間去做。因此，程式設計的重點在於能夠輕鬆、快速完成。

於是，我設定了拍賣得標者支付的金額並非他自己設定的下標金額，而是比這個金額更低、未得標者下標的最高金額。這個規則可以讓願意出高價購買卡牌的人，事先設定最高的下標金額。所以真正想購買的出價者，就不需要特地等到結標前不斷抬高出價金額了。

但這個原理無法套用在波卡，理由我就不多加贅述了。因為我是**根據環境和目的，適度改變規則的設計**。要是設計錯誤，就會導致利潤減少或是使用者體驗不佳，進而流失參加者。

每個案件的特性都很重要。我不只是設計拍賣，也經手很多設計案件，**我每一次都必定會考慮各個案件的特性才動手設計**。這一點正是設計業務的難處，也是趣味所在。不過，案主並不是為了讓我覺得有趣才委託的，所以最辛苦的還是思考怎麼處理各個特性。

每個案件都需要特別製作，但這跟在大學做研究不同，設計能花的時間非常有限。所以必須及早找出問題的本質，在短期內發現答案。

如何掌握、如何應對問題的本質

我接到機制設計的委託案件時，都會先思考「可以用跟舊案子相同的方法處理嗎？」如果可以直接沿用過去的手法，發案者和我都能輕鬆省事，而且是前所未有的省事。

在前面舉的 Gaudiy 例子當中，我需要做出販售數位卡牌的拍賣機制。因此這裡最大的問題是「會發行幾張卡牌」。在這之前，我不曾接觸過「這個商品要賣幾件」的問題。

因為不動產都是獨一無二的，不需要考慮數量。金融商品也會事先決定好發行總數，所以販售數量並不在我的工作範圍內。

然而，數位卡牌要發行多少都可以，不管發行多少，費用都是一樣。因此決定發行張數是個大問題。如果大量發行，稀少性就會下降、價格趨近於零；如果少量發行，稀少性就會提高，但只能賣出少量。張數和價格無法兩全其美。

最理想的數量是可以達成恰到好處的稀少性。而這個數量並非由營運方決定，最好是由拍賣的過程決定。引用上一節的話來說，這就是這個設計的「問題本質」。

由拍賣過程決定，可以提高顧客的參與感，不會對營運方產生疑慮。根據我的經驗，一般服務的營運方都非常為顧客著想，滿懷愛護與感恩之情。

但顧客未必會如此，反而會輕易懷疑營運方。營運方必須充分注重這一點，以提升使用者體驗。

最後，我們開了為期一週的拍賣，販賣張數定為前六天出價總數的一半。實際上，前六天有２５８次出價，所以決定賣出一半的１２９張。這個機制的細節設計非常精密，只要稍有閃失就會發生問題，不過我就不多加解釋了。有興趣的讀者請參閱Sakai, Goto, and Ishikawa（二〇一九）、坂井・石川・後藤（二〇二二）。

我做出這個選擇時，查詢過大量相關的研究文獻。我們現在面對的課題，在過去一定有人已經面對過了。我們不能只是「重造輪子」，那會造成時間和人力的龐大浪費。尤其對新創企業而言，時間非常寶貴。

我總是花很多時間查詢已發表的研究。在這個案子裡，我發現了一個理論非常精闢的既有研究。但我熟讀這份論文後，確定「這個不能用」。詳情我就省略了，總之這項研究提議的方法，需要在拍賣一開始就「將競標者分成兩組」。我直覺認為這個步驟莫名其妙。

我是學術研究者，所以能夠理解為什麼需要這個步驟，但我不認為顧客能夠接受這個解釋。**顧客是否接受才是關鍵，因為這是使用者體驗最重要的部分**。

那我是浪費時間去讀那份既有文獻嗎？那倒未必。我已經知道這個研究方法行不通了，所以也會知道思考方向必須大幅改變才行。經過這種調查和思考過程，我最後才能想出「將拍賣前六天下標總數的一半定為販售張數」這個方法。

光是聽到這個結論，各位或許會覺得很簡單，好像不用花什麼心思。但是在得出這個答案以前，我的腦海裡早已詳細斟酌過其他無數種方法了。

「科學根據」和「專業判斷」都很重要

那為什麼是「一半」呢，怎麼不是30％或60％？直接了當地說，這只是憑我個人感覺。因為我很確定，如果下標數量是販售數量的兩倍，就一定會有競爭。我在不動產的拍賣會上，一個物件只要能有兩位認真的出價者，競標就會變得非常激烈。

Gaudiy並不是要賣不動產物件，所以將這個推論當作決定的根據，以學術來說或許站不住腳。但我還是能確定「這樣絕對不會失敗」，因為我參與過各種拍賣實務，很清楚會引發競爭的關鍵是什麼。

這個關鍵如果要用理論說明，大概只能解釋一半，剩下另一半是專業的判斷。近來，專業判斷這個詞，或許會讓人覺得有點缺乏科學憑據。但**專業判斷並不是與科學對立，而是大多與科學互補**。

當然，這個判斷還是需要有確切的經驗在背後作為支撐，不能憑著單純的靈機一動。

在這個Gaudiy的案例裡，拍賣也確實按照我的預期進行。公司在第七天公告販售數量為129張以後，便掀起了正式的競標，價格從起標的500圓飆到了9000圓，非常成功。

或許很多經濟學家並不認為這是「成功」，因為不能保證「這個結果完美符合學術依據」。實際上，如果發行張數改成下標數的30％，可能價格會飆得更高；或者改成60％，價格就幾乎不變，但可以賣得更多、賺到更多利潤。

如果可以事先進行多場實驗的話，或許就能得到完美的學術依據，但這樣也要耗費時間和金錢成本。而拍賣設計只不過是構成這一整門生意的要素之一而已。**若只是追求最佳的學術依據，就會耗費大量的時間和金錢成本，可能會變成最爛的商業手法。**

所以，設計者需要在了解整體的商業模式以後，再來構思設計。**比起完美的學術依據，更要以大眾的滿意度為目標。**只要市場經營者因賺到需要的利潤而滿足，顧客因買到東西而滿足，那就是成功。當然，要做到這個程度非常困難。

我再補充一點，要是經營者過度追求利潤，就會遭到顧客厭惡，長期下來經營者也不會開心。雖然這是在說經營者與顧客之間的經濟關係，卻也是在談人際關係。

市場設計這份工作，根本上就是建構出能培養良好人際關係的場合。

經濟學的效用可以跨出體系的理由。
為什麼經濟學家能夠為商業賦予新的價值？
經濟學具體而言是怎麼運用在商業上的？

重點整理

- 市場設計的見識可以運用在線上購物網站。
- 有很多對策可以解決結標前的競標現象，但如果未能依照狀況細心選擇，就會失敗。
- 要詳盡查詢過去的研究文獻，才能提供良好的使用者體驗。
- 「再造輪子」只是浪費金錢和時間，應當全力活用學術資料庫。
- 重要的是讓科學與專業判斷互補。

PART 2

沒有經濟學知識也OK！學會就能改變事業結果的四個工具

如何將「早已有答案」的最新經濟學智慧應用在現場？

3章

將利潤最大化的工具＝「FSP-D」模式的基礎知識

——國際大學全球交流中心副教授　山口真一

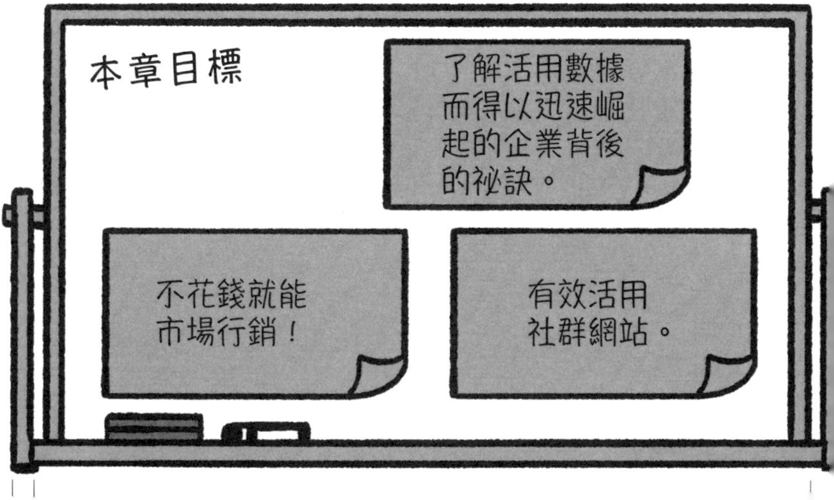
本章目標
了解活用數據而得以迅速崛起的企業背後的祕訣。
不花錢就能市場行銷！
有效活用社群網站。

好擔心削價競爭太激烈、商品滯銷、顧客流失、顧客高齡化……

針對這些煩惱，你採取了有效的對策嗎？

這一章，要介紹的是我個人提倡的**「FSP-D」模式**。

應該很多人都聽過**「利潤最大化工具」**這個說法，也對此深感興趣，不過在進入正題以前，我要先來談一下，為什麼我會選擇這個模式作為現在商務人士適用的第一個「經濟學工具」，以及近年的商業環境變化。

「技術」與「價值觀」的變革
大幅改變了商業環境

社會風貌的劇烈改變，使得既有的商業模式再也無法維持下去。近年的商業環境簡單來說，就是這個樣子。現在已經進入不只是特定的行業，而是所有行業都在追求改變的時代了。

舉幾個例子，老字號報社全都面臨報紙銷量大幅下滑的局面，在此同時，Yahoo!新聞和LINE NEWS這些網路媒體的業績則是蒸蒸日上。

近年新冠疫情席卷全球所造成的影響也不容忽視。全世界的人流整整中斷兩年以上，日本從觀光業到製造業，都遭受沉痛的打擊。

但是把焦點放在全世界，會發現有些企業的業績在這股趨勢中逆勢成長。

將這些企業二〇二一年第三季（七～九月）的營業所得拿出來看，可以看出與去年同一季相比，微軟公司增加了22％，Amazon.com增加了15％（二〇二〇年第四季更高，比去年增加了44％），Netflix公司增加了16％。

受到疫情中斷人流的趨勢影響，資訊科技和訂閱服務這些業務型態變得更加強勢，這也可以說是近期商業環境的特徵。

五十歲以上眼中的「日本的榮耀」與現實

另一方面，遺憾的是大多數日本企業並沒有趕上這個商業環境的變化。

從目前的全球市值排名來看，平成元年（一九八八年）有七家日本企業進入前十名，但是到了令和元年（二〇一九年）卻沒有任何一家擠入前十。即使把範圍擴大到前五十名，也只有豐田汽車勉強擠上了四十一名，而這個狀況至今仍未改變。

話雖如此，日本的獨角獸企業（市值超過十億美元的未上市新創企業）也非常少，並沒有培育出許多新銳的創新企業。

所以，日本的現狀就是**既有的產業正逐漸衰退，卻沒有培養出新的產業，結果就是經濟規模縮小**。

過去日本是僅次於美國的全球第二大經濟體，但是在很久以前就被中國超車、下滑到第三名，之後人均GDP也被韓國超越。日本可以說是已經落後世界的脈動了。

雖然一開始就讓大家面對這個殘酷的現實，但追求更美好的未來總要從掌握現狀開始。不論處境再怎麼嚴峻，直視並分析目前的狀況，訂立策略、找出活路才是重點。

撼動日本企業的「科技持續進步」和「用錢方法的大變革」

那麼，近來的商業環境變化，是出自於什麼因素呢？

我在開頭寫道「社會風貌的改變」，更進一步釋義，就是**「技術革新」和**

「價值觀的變化」。

古代的馬車變成汽車，接著飛機問世，人的「移動」狀態有了大幅改變。再繼續追溯歷史，黑膠唱片變成了ＣＤ，如今這些也快要被數位音樂下載和串流音樂平台取代。「以專輯為單位來聽音樂」的欣賞方式正漸漸過時。

由此可見，**技術革新多多少少都會破壞既有的產業，成為新產業誕生的契機**。近年數位革命的進展，也引起了傳統日漸式微、新潮蓬勃發展的新陳代謝。

不過，最近的商業環境變化，並不是光用技術革新就能解釋完全。因此我想要談的是另一個可能的因素，即**「價值觀的改變」**。

人生要以什麼為目標，要憑什麼才能充實自己、獲得成功呢。

這個問題，在以前都是用「物質上的富裕」作為答案。只要用功念書，考上好大學、進入好公司工作，隨著人生階段的邁進，就能買車、買房、累積資產。將這些定義為「成功」、「富裕」的時代，從高度經濟成長期一直延續到泡沫經濟時期。這是當時日本所有人都在追求同一種物質富裕的「一億總中流」時代。

然而到了現在的資訊化社會，這個觀念有了大幅轉變。

比起獲得物質上的富裕，**得到別人的感謝、感受人與人之間的聯繫，或是能夠從影響力這類無形之物中發崛出龐大價值的人，則是越來越多，其中又以年輕人更甚。**

崇拜有幾十萬追蹤者的「意見領袖」，渴望在社群網站上「爆紅」。在中年以上的人看來「做這些又沒錢賺，何必呢？」的事情，價值正水漲船高。

這些現象的背後，當然是因為年輕人生長在泡沫經濟瓦解後「失落的二十年」，對物質富裕的追求變得更加困難的緣故。

不過，現在的年輕人並不是單純的「沒錢所以不花錢」。

雖然他們不想要車子和房子，卻經常跟朋友去旅行，買一大堆ＬＩＮＥ貼圖，在愛玩的線上遊戲裡盡情課金。

也就是說，他們**不為「代表地位門面的事物」，而是毫不遲疑地為「自己喜歡的事物」花錢**。這種消費行為的變化，果然就應該視為價值觀的改變。

引爆日後產業成長的「FSP-D」模式

技術革新，以及價值觀的變化，正在逐漸改變近年的商業環境。其實這一章要介紹的「FSP-D」模式，也是這股變化趨勢裡的產物。

詳情我會從下一節開始說明，總之「FSP-D」模式，就是**用「F＝Free」「S＝Social」「P＝Price discrimination（差別取價）」「D＝data」這四個要素來擬定商業策略，以獲取最大的利益**。

・F＝Free：「免費」提供商品或服務，以吸引更多使用者。

- S = Social：利用人的社群性、網路空間的口碑。
- P = Price discrimination：用「多階段差別取價」創造最大利潤。
- D = data：運用數據資料來思考上述所有要素該如何進行。

簡單來說，「FSP-D」模式就是這種工具。

它並不是只適用於新的產業，**放著不管就會衰退的既有產業，只要用「FSP-D」模式來重新評估，就能在技術革新和價值觀變化的趨勢中，化身為有望達到中長期成長的企業，重新出發。**

接下來，我就來一一解說「F」「S」「P」「D」。

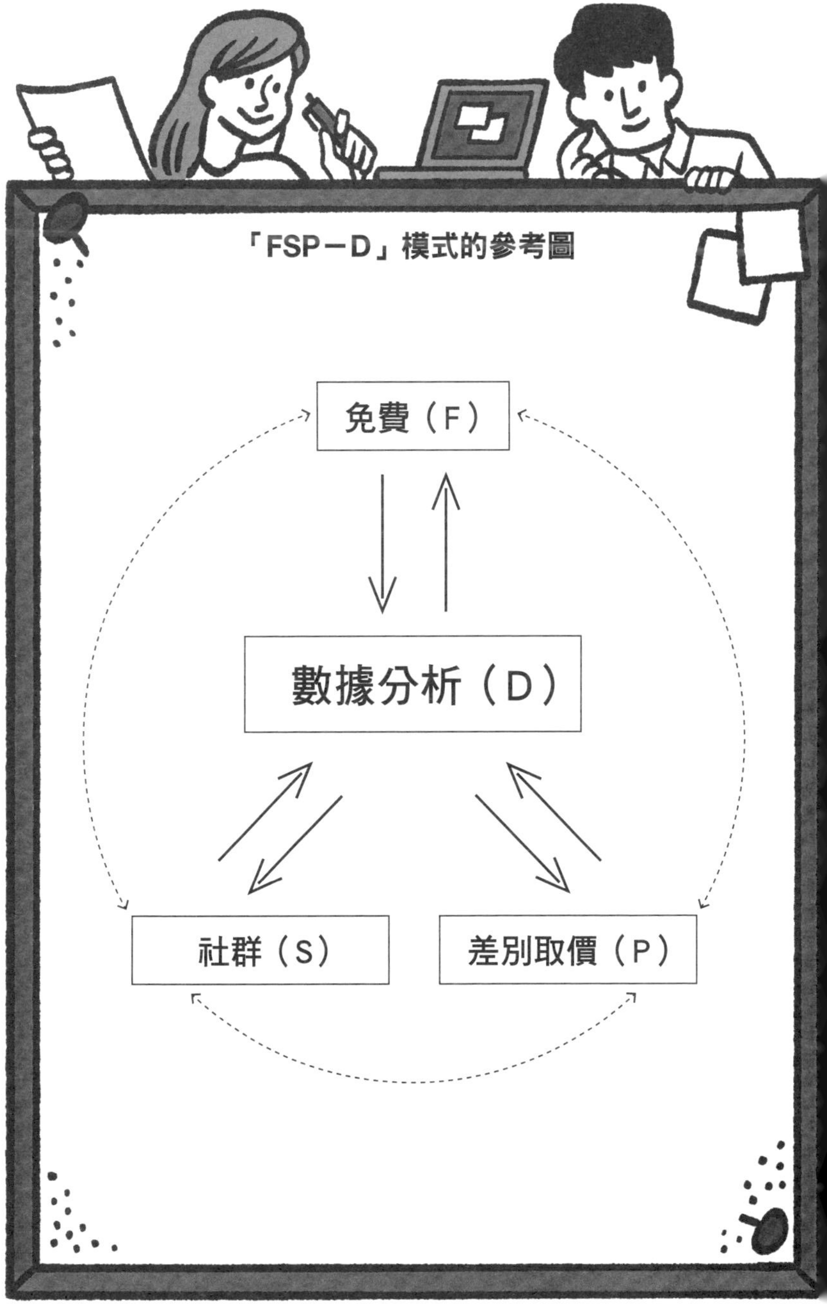

「FSP－D」模式的參考圖

「F＝Free」——用「免費」帶來的網路效應創造龐大商機

「F」就是Free，也就是**免費提供商品或服務**。因為是免費，當然也就不會有報酬。不過免費提供可以降低使用服務的門檻、變相成為廣告，因而增加收益的例子反而不少。

舉例來說，有個策略叫作「免費增值（freemium）」。它是由free（免費）和premium（額外費用）這兩個詞組成的新詞。先提供免費的基本版來吸引消費者，再從想要進階功能的人手上賺錢。其特徵是由大多數的免費用戶，和部分付費用戶這兩群人組成。

而免費增值又分為兩種，一種是付費用戶需要定期支付固定金額的課金，另一種是購買遊戲道具和貼圖這類數位商品的課金。

還有一種策略叫作「三邊市場」。從名稱可以看出它就是由三種身分組成的市場，最貼近我們生活的就是電視廣告市場。製作電視節目需要龐大的經費，但我們卻不必付錢（給民營電視台），就能收看這些節目。

這是因為電視台、廣告商、觀眾之間有交易關係，才會有免費的節目。乍看之下觀眾沒有付半毛錢，事實上卻會去購買廣告商的產品或服務，所以觀眾最終還是負擔了節目費用。

這個三邊市場在網路上極為常見。Google和Facebook也是靠著三邊市場壯大的。網路廣告的特徵，就是會根據個人資料準確推播廣告、以不妨礙服務功能的方式顯示廣告等等。

而且只要再搭配免費增值，也能使用差異化策略。就是投放會妨礙使用的廣告，藉此促使使用者加入無廣告的付費方案。

其實，免費提供並不是近年才有的新策略。例如化妝品的免費試用品，就是傳統典型的免費策略。但這種從以前就開始運用的免費策略，跟現在資訊化社會的免費策略卻有一個顯著的差異。

那就是，利用免費來廣泛普及的成本。

用免費試用品的例子來思考就會明白了。每一個試用品都要花費製造成本，所以發送愈多，成本愈高。這種在增加產量時追加的成本，稱作「邊際成本」。

而在資訊化社會，並不是提供試用品這類實體物，而是可以免費發送PDF檔、影片等資訊財貨。

「資訊財貨」的特徵，是**只要做了出來，就能無限量產**。不管是發送一個還是一百個，成本都相差無幾。

由於資訊化社會的免費商材所花費的邊際成本趨近於零，所以免費策略在資訊化社會更能發揮出效果。

何謂利用免費才能有效活用的「網路效應」

「免費」的意義，可以藉由與「S＝社群」裡的**「網路效應」**加乘而提升。

網路效應是指「使用某項產品、服務（或財貨）的人愈多，使用者的滿意度愈高」的效應。

這裡的重點在於，**不是利用該產品、服務的「品質」，而是藉由「增加使用人數」來提高顧客滿意度**。也就是說，就算先發行已有某種完成度的商品，之後再花成本提高品質，只要能增加使用人數，顧客滿意度就會升高。這就是網路效應最大的好處。

社群網站就是一個很好的例子。比方說，如果Facebook最早的使用者只有五個人，那一點也不好玩對吧。有數十萬、數百萬名使用者，只要有心，就可以與世界各地的人聯繫，這才是Facebook的趣味。

使用者人數龐大，Facebook才會成為顧客滿意度高的服務。

但是，要引發這個網路效應，當然要**先廣泛普及**才行。而其中的門檻就是「臨界量」。

臨界量是指「網路效應吸引到會開始帶動良性循環的使用者人數」，也可以說是「許多人都在使用」這件事變成一種價值，這個價值導致使用者快速增加的界線。

只要能夠超過臨界量，使用者的增加速度會更快，顧客滿意度提高，於是吸引更多使用者——才得以進入**「粉絲暴增」的狀態**。

到了這個程度，網路效應的最大課題，就是該怎麼廣泛普及、超越臨界量。此時可以運用的策略就是「F＝免費」。

一旦需要花錢，消費者就會考慮「要不要買」，思考這個金額值不值得讓自己滿意。猶豫到最後通常都是決定「不買」。

但是，免費提供就會讓很多人覺得「反正先用用看」，所以會比付費更快、更輕易吸引到許多消費者。因此，首先要面對的「廣泛普及」的課題，就會更容易解決。

免費策略的重要須知「不要吝嗇」

免費提供原本需要付費的物品，需要非常大的勇氣。

但是，我想在這裡告訴各位一個重要須知，就是**「既然要免費提供，就不要捨不得」**。簡單來說就是不要吝嗇。例如手機APP，即使分成免費版和付費版，免費版也最好要提供足夠的功能。

視訊會議平台的Zoom就是個好例子。付費會員的好處是不會限制「三人以上連線上限四十分鐘」，但如果不在意這個限制的話，免費會員也可以充分運用視訊會議的系統。

兩人連線沒有時間限制，倘若需要三人以上連線，只要在四十分鐘以內結束即可。如果非得要更長的時間，只要重新設定，就可以馬上重啟會議。實際上，應該也有很多人一直都是用免費會員的身分在使用Zoom。

食譜搜尋服務Cookpad也是一樣，成為付費的高級會員，就能使用最受歡迎的食譜搜尋、篩選搜尋、閱覽專家精選食譜等功能，但是就算只用免費會員基本的「搜尋食譜」功能，也能充分活用。

簡單來說，**讓使用者覺得這是個「免費就非常方便、強大的服務」，就能吸引更多使用者，進而引發網路效應**。

使用者滿意度高的免費版，也能有效引導會員去使用付費版。實證研究也顯示，**「使用者在免費版擁有良好的體驗，付費版的銷售額才會增加」**。

另一方面，有些人可能擔心免費提供某項產品，會導致自家公司的類似產品滯銷，也就是發生「蠶食效應」。

但是，免費就捨不得大方提供的心態，可能會適得其反。只要站在使用者的立場想像一下，應該就很容易體會了吧。

假如讓人試用下載的免費版APP有一大堆「僅供付費會員使用」的限制，用起來就會很不順手。

這種時候，肯定很少人會覺得「為了使用完整功能，那我就升級成付費版吧」。除非這個APP絕對是最好的、沒有其他類似的APP可以取代，否則使用者都會馬上刪除、改用其他免費的APP。

不過，要是全部都免費提供的話，就無法創造銷售額了吧。

那付費版和免費版之間，應該要做出什麼樣的區別呢？

關鍵就在於**「全新的體驗」**。

不是「買了付費版才能擁有完整的功能」，而是**「免費版就有萬全的功能，但購買付費版可以得到更好的體驗」**。假如最充足的功能是「十分」，不能設計成免費版有「八分」或「九分」、付費版才有「十分」，而是免費版就已經有「十分」，但付費版可以達到「十一分」或「十二分」。

經過證實的「受到免費吸引的不合理大眾心態」

儘管如此，人們究竟有多熱愛「免費」呢。一旦對這一點有疑慮，可能就會遲遲無法下定決心採取免費策略。

美國杜克大學行為經濟學教授丹・艾瑞利（Dan Ariely）做了一個這樣子的實驗。

他讓受試者選購27圓的高級巧克力和2圓的普通巧克力，有47%的人購買高級巧克力。接著他將兩種巧克力分別降價一圓，高級巧克力賣26圓、普通巧克力賣1圓，結果購買高級巧克力的受試者上升到50%。

也就是說，在這個市場上「25圓的價差」，會導致選購高級巧克力的人和普通巧克力的人比例呈五五波。

但是，他再將價格調降1圓，高級巧克力賣25圓、普通巧克力免費，結果購買高級巧克力的人變成只剩10%，絕大多數人都選擇了普通的巧克力。

同樣是「25圓的價差」，應該還是要有大約半數的人購買高級巧克力，才是合理的選擇。然而當普通巧克力變成免費以後，「25圓的價差會形成五五波」的法則就瓦解了。所謂的大眾心態，就是如此不合理。說得更清楚一點，**「免費」的吸引力，強大到會讓人做出不合理的選擇**。

除此之外，還有研究證實，**曾經免費取得商品的人要支付100圓的心理門檻，與支付過100圓的人要再支付1600圓的心理門檻相同**。這也代表了要將免費轉為付費有多麼困難。

無論是哪一項研究，**對消費者而言最有吸引力的還是免費，如實展現出命中這種心態的免費策略的效果**。

該如何從「免費提供→虧損」翻轉成盈餘

各位讀到這裡，可能會產生一個疑問。

「這樣一直免費提供、沒有獲得報酬，那還算是做生意嗎？」

說得一點也沒錯。不管邊際成本再怎麼低，還是需要花費初期成本。這時別說要賺錢了，還必須做好虧損的心理準備。

只要吸引眾多使用者、引發網路效應的話，不管是賺取廣告收入還是銷售付費版本，或者是用其他方法作為主要收入來源，都可以由虧轉盈。問題在於，可以接受免費造成多大的虧損。換句話說，就是**預估要花大約幾年轉為盈餘**。

就算是現在全世界擁有三億用戶的X（推特），也花了十年以上的時間才轉虧為盈。雖然要依個案而定，不過**最少也要預估五年才好**。

五年這個數字可能會讓人嚇得目瞪口呆，應該也有很多人覺得「在撐完五年以前我會先被降職」、「在那之前我就會被踢出專案小組了」。

我實際跟企業人士交談時，也覺得日本的企業只要面對需要長期推進的事物，都會突然變得笨手笨腳。即使懂得改革創新，卻也是偏向持續性的創新，而始終無法締造破壞性的創新。因為足以改變群眾生活型態的破壞性創新，並非一朝一夕可以達成。

能夠為這種長期專案佐證的，毫無疑問就是**數據資料**了。

要以什麼效率增加使用者，之後能超過多少臨界量，超越臨界量後的銷售額具體會是多少，或是搭配數值圖表來看持續採取免費策略而順利營運的企業案例，以數據資料為依據來說明，就有足夠的說服力了吧。

例如網路二手交易平台美露可利，就是有效運用免費策略的典範。我曾經在活動上跟美露可利的董事長小泉文明先生共處，他就是憑感覺來理解、活用我剛才提過的那些免費策略所帶來的網路效應。

據說他是基於「反正只要能贏就好」的想法，在剛開始還無法保證賺錢的時候，因為還是需要支出廣告宣傳費等成本，於是運用數據資料，向股東說明這門生意會有一段時期虧損，讓他們接受這也是策略之一。

對於沒有決策權的人來說，這個部分或許非常難熬，因為日本企業通常傾向於保留盈餘，但絕不是沒有餘力去做。**只要依據數據資料來提案，讓經營階層明白「儘量挑戰新事物，承擔相應的風險和虧損，同時以長遠的眼光來培育事業」的重要性，以及發現「用免費策略獲得成功的企業在日後創造出的龐大利潤」，他們應該就會願意考慮這個提案吧**。

此外，我認為進行企業改革、營造「FSP-D」模式能有效發揮作用的組織風氣，也是引起破壞性創新的必經之路。

有些企業幹部聽不進內部人士的說詞，卻願意傾聽外界的意見。要說服這種人時，與企管顧問合作、藉由他來傳話，也是一個方法。

能夠採取免費策略的「只有少部分資訊科技服務而已」嗎？

那什麼樣的事業才容易運用免費策略呢？

或許有人以為，利用免費提供來獲得市占率的策略，只有少部分資訊科技服務才適用，但這誤會可大了。

我一定要在這裡介紹給各位一個案例，就是美國的電子病歷公司「Practice Fusion」的商業模式。

電子病歷原本是一種高度精密的系統，導入成本從十萬到數百萬圓不等，使用成本的行情大約是幾萬～幾十萬圓。在Practice Fusion剛加入市場時，價格比現在更高。

但是，Practice Fusion將這些全部「免費」提供，實在是劃時代的創舉。既然導入成本幾乎是零，那自然就有許多醫院採用，讓Practice Fusion擁有了超過一億名病患的電子病歷。藉由免費策略來推廣普及這項服務，使得Practice Fusion的系統已經成為電子病歷的「標準規格」。

Practice Fusion在電子病歷方面取得了龐大的市占率，這也有利於使用服務的醫師。與其他醫院共享患者的病歷時，或是病患需要轉院時，醫師都可以用他熟悉的系統來操作。

也就是說，**「有眾多使用者」這件事變得很有價值。免費引發了強大的網路效應**。

免費所孕育出的「新收益來源」

到這裡，肯定會有人疑惑，將作為公司核心事業的電子病歷系統免費提供，那Practice Fusion到底要靠什麼賺錢？

以社群網站為代表的免費服務，其收入來源大多是廣告。Practice Fusion雖然也有廣告收入，不過它跟社群網站不同，無法只靠廣告來維持系統運作。

Practice Fusion的主要收入來源，其實是多達一億件的病患資料。

病患的資料也就是記錄各種症狀、疾病的龐大資料庫。Practice Fusion將資料匿名後做成的資料庫賣給製藥公司和醫療機構，以付費的方式提供以這些資料為依據的醫療分析解決方案。

所以，Practice Fusion真正的核心事業，並不是提供電子病歷系統，而是藉由提供系統所獲得的龐大資料庫，以及活用這些資料的解決方案。

利用免費策略造成網路效應，藉此得到龐大的資料來做生意。Practice Fusion的商業模式，可以說是展現資訊化社會裡免費策略特徵以及優勢的最佳範例。

由於這個例子極為成功，光靠這個案例，或許讓人無法想像自家公司採取免費策略後會如何發展。

接下來我會解說剩下的「S」「P」「D」，並且舉出可以活用「FSP-D」模式的領域有哪五個特徵，請各位務必搭配參考。

「S＝Social」——現在不容小覷的「口碑」帶來的經濟效果

從單向變成雙向——行銷的劇烈變化

「S」不只是會引發網路效應，也代表了「社群媒體行銷」。這是活用從二〇〇〇年初開始便迅速普及的**社群媒體的策略**。

隨著社群媒體的普及，世界上所有人都可以任意發表訊息，群眾的消費活動也有很大的轉變。

比方說，現代人在決定要不要買東西時，先參考Amazon等購物網站的評價內容，已經是常態了吧。

以前對於某項產品，生產者總是比消費者掌握更多資訊，處於「資訊不對等」的情況。不過在所有人都可以隨意發表訊息以後，除了製造商發布的官方資訊以外，群眾還可以在網路上共享產品的實際使用心得、耐用年數這類「第一手資訊」。社群媒體的發達，可以說是大幅解決了資訊不對等的情況。

另一方面，還出現「為了提升在社群媒體上的體驗而做出的消費行為」。例如有人為了拍照上傳Instagram，就會去購買衣服、餐飲，甚至是娛樂設施等所有「適合拍美照」的事物。層層堆疊的可愛鬆餅、情調十足的夜間泳池，都算是因應Instagram而出現的流行。

此外，消費者身兼生產者的「產消合一化（Prosumer = producer + consumer）」，也是社群媒體中常見的現象。

舉例來說，有小孩的人使用「#售童裝」的標籤，將自己手做的童裝照片上傳到Instagram來尋求商機。所以這個人是小孩的家長，是童裝的消費者（consumer），同時也是自己製作童裝出售的生產者（producer）。

可見社群媒體的發達造成的消費行為變化，以各式各樣的形式，對各行各業造成了如此深遠的影響。

口碑可以創造「每年1．5兆圓」的價值!?

口碑帶來的經濟效果絕對不容小覷。我曾在二〇一三年Google公司協助創立的「Innovation－Nippon」專案當中，負責分析社群媒體上的口碑經濟效果。

從分析的結果可以得知，**群眾在社群網站上寫下的商品評論，可以為日本全國每年創造1．5兆圓的消費金額**。意思就是透過商品評論這個推薦管道，讓日本國內的消費金額增加了1．5兆圓。可見現在已經來到網路空間的「資訊共享」，能夠締造龐大經濟效果的時代了。

在這股潮流之中，社群媒體行銷就變得更加重要。

鑒於這個促進1・5兆圓消費的分析結果，大家應該都能相信，社群媒體行銷足以決定商業是否會成功了吧。

「希爾頓飯店」展現的三大社群媒體行銷成功法則

我經常在大學課堂上提到美國紐約的眼鏡品牌「Warby Parker」，作為社群媒體行銷的成功案例。

這家眼鏡品牌的特色，就是顧客在確定購買前，最多可以享受五款眼鏡的五天試用期，不過需要符合一個條件才能使用這項服務，那就是要拍攝自己佩戴試用品的照片，加上「＃Warby Parker」的標籤上傳分享到社群網站。

雖然是附加條件，但對使用者也是好處多多。分享自己試戴的照片，可以知道在別人看來自己適不適合這副眼鏡，有助於判斷挑選。所以大家都很主動上傳照片。

愈多使用者將照片分享到社群網站上，「Warby Parker」眼鏡的觸及率就愈高，當然企業也會得到宣傳效果這一大好處。**不需付出任何廣告成本，就能有效宣傳商品**。

像這種對企業和使用者都有好處的社群媒體行銷手段，讓Warby Parker的營業額急速飆漲。

另外，老字號大企業也會活用社群媒體行銷的例子，就是希爾頓飯店。與希爾頓有關的正向貼文，例如發布一篇貼文寫道「朋友幫我在希爾頓的餐廳開慶生派對，有生以來最美好的生日」，就會得到希爾頓官方帳號的回應。這對使用者來說，應該是個驚喜吧。獲得官方的回應，會讓使用者更加喜愛希爾頓。這種細微的社群媒體行銷手段，可以提高顧客的參與意願。

希爾頓運用的不是只有正向的貼文。比方說，曾經有人在入住飯店後發布一則附照片的貼文，寫道「衣櫥好小好難用」，結果不到一小時內就被換到有大衣櫥的房間了。可見希爾頓在客訴處理上也活用了社群媒體。

希爾頓的社群媒體行銷全都是人工進行，但目標是將來要達成二十四小時巡視社群媒體，在半小時內對自家飯店相關的所有貼文做出回應。

另外還有一個例子，雖然不是運用社群媒體的官方帳號，不過同樣是利用群眾的口碑和網路來行銷，藉此解決使用者人數不足的問題。這個案例就是雲端空間服務Dropbox。

應該也有很多讀者都會使用Dropbox的服務吧，不過在這項服務剛上線時，不管是免費還是付費，在吸引使用者方面卻遇到了困難。

因此，他們公布了一項優惠方案，就是免費使用者「只要成功將Dropbox推薦給朋友，就能擴大儲存空間」。這一招讓他們在社群媒體和現實生活中的口碑擴散開來，發揮出比網路廣告還要更大的效果，使用者人數頓時大幅增加。

仔細觀察以上的成功案例，可以歸納出三個社群媒體行銷、口碑行銷的成功法則。

第一個是**活用消費者的網路**。

Warby Parker的作法是「在社群媒體上與追蹤者分享自己試戴的眼鏡」，希爾頓是「在社群媒體上分享自己的使用體驗」，Dropbox則是「推薦給朋友」，善用消費者的網路來宣傳。

第二個是**促使消費者自發性參與**。不過這一點要能讓消費者獲得某些好處。

Warby Parker提供的好處是「可以試戴眼鏡，分享出去後還可以得到第三者的意見」，希爾頓是「得到官方的回應」，Dropbox是「獲得更多儲存空間」，這些都能為消費者帶來好處，促使他們自發性參與。

第三個是**釐清社群媒體行銷的目的**。

Warby Parker的目的是「讓更多人知道自家公司的眼鏡」，希爾頓是「提高顧客參與度」，Dropbox是「增加使用人數」，每一個目的都很明確。

這些法則要是不清楚或是無法確定，社群媒體行銷的效果難免就會打折。凡事皆是如此，**最重要的是不能用姑且「試試看」的心態，而是要「為了某個目的」來擬定策略**。

「P＝Price discrimination」——用「多階段差別取價」創造最大利益

讓死忠粉絲「願意花更多錢」的原理

「P」是特別指差別取價當中的**多階段差別取價**。

前面說明過的「F＝免費」和「S＝社群（社群媒體行銷）」，兩者的契合度非常好，也有很多成功的案例，但也不是全部都能進行得順利。以實際數據來看，失敗的案例還是占了大多數。

也就是說，不是只要採用「F」和「S」就一定會成功。那成功和失敗是取決於什麼呢，就是取決於「P」，**如果沒有「適當的價格策略」，事業就不會成功**。而其中我最重視的就是**差別取價**。

差別取價的意思，最好懂的例子就是電影院的早場票和敬老票。大家同樣都是購買「看一部電影」的體驗，卻只有特定的時段比較便宜，或是只有老年人可以打折。這就是依照使用者屬性做了「價格差異化」。

再將這個差別取價的觀念做更進一步延伸，就是**「多階段差別取價」**的價格策略。

手機遊戲就是個好例子。

手遊都一定會在遊戲裡設計課金（付費）系統，但是否課金會根據玩家「有多喜歡」那個遊戲而定。死忠玩家會不斷購買道具，中等程度的玩家則是偶爾購買，至於不怎麼熱中的輕度玩家就只會在免費的範圍內玩玩而已。

就像這樣，**支付的金額會因使用者的熱衷程度而異**。手遊正是在包含了多階段差別取價的「FSP-D」模式裡快速崛起的典型案例。

實際上在二〇〇八年市場規模還只有5億圓左右的手遊，在十年後的二〇一八年飆漲成兩千倍以上、高達1兆1700億圓，是家用遊戲機軟體市場的約四倍。

為什麼差別取價的利潤會比較多？

手遊的快速成長，當然也跟「遊戲玩家本來就很多」、「智慧型手機的普及助長這個趨勢」等背景有關。不過，**若是沒有多階段差別取價，就不會發展成如此龐大的市場**了吧。

因為研究證實，**差別取價的收益比一物一價（單一價格）要多了數十%，而多階段差別取價的收益甚至是一物一價的五～十倍**。

為什麼多階段差別取價的收益會這麼高呢？

只要看一一三頁的圖就很清楚了，不過在這之前，我要先說明一下價格與需求的關係。

假設某項商品賣200圓（P_1）時的需求是五十個（X_1），賣150圓（P_2）時的需求是一百個（X_2），賣100圓（P_3）時的需求是一五〇個（X_3）。

以縱軸為價格、橫軸為需求畫成圖表後，在P_1和X_1的交叉處、P_2和X_2的交叉處、P_3和X_3的交叉處畫上圓點，由這三個點連成的線，就是這項商品的「需求曲線」。

而一項商品販售所得的收入，是依「價格×需求量」來決定。所以，這個需要曲線的內側就代表這個商品可能會賣出的數量，也就是「收入潛力」。

請各位記住這個概念以後，再看一一三頁的圖表。可以看出某項商品的需求，就跟剛才說的一樣，會隨著價格變動。

塗滿的部分就是這項商品賣出後可以獲得的收益。

如圖所示，一物一價是採取固定的價格，因此只能涵蓋針對那個價格（P）的需求（X）。如果是三階段差別取價，就可以涵蓋三種價格（P_1、P_2、P_3）各自的需求。

設定成多階段差別取價，就能再擴大，涵蓋需求曲線內的所有範圍。

換句話說，**多階段差別取價可以從「願意花大錢的重度使用者（死忠粉絲）」，涵蓋到「不怎麼想花錢的輕度使用者」，賺到所有使用者的錢，所以多階段差別取價才有助於獲取高收益**。

而且，實際的需求曲線並不是直線，通常是依循「冪定律」，因此收益往往會更高。

冪定律會讓多階段差別取價實際增加多少收益呢？這裡雖然不會詳細說明冪定律，不過各位只要看一一五頁下方分析手遊案例的圖表，就能清楚看出依循冪定律的多階段差別取價的效果了。

假設某個遊戲設計多階段差別取價時的收益是100%，均一價5000圓的收益就是31%，均一價500圓的收益則是會被抑制在13%。簡單來說，一物一價會損失69～87%的收益。

除此之外，還有另一個分析。只要遵守冪定律，來自陡峭的需求曲線上端「願意花大錢的死忠粉絲」的收入，就會成為關鍵。在前面的手遊分析當中，來自支付金額前1%的使用者收益，占了總收益的一半以上，整整57%。

所以，多階段差別取價的架構只要「涵蓋大多數的中度～輕度使用者」，就可以算是**「由相對少數的重度使用者支付更高的金額，來實現高收益」**的機制。

多階段差別取價會締造高收益

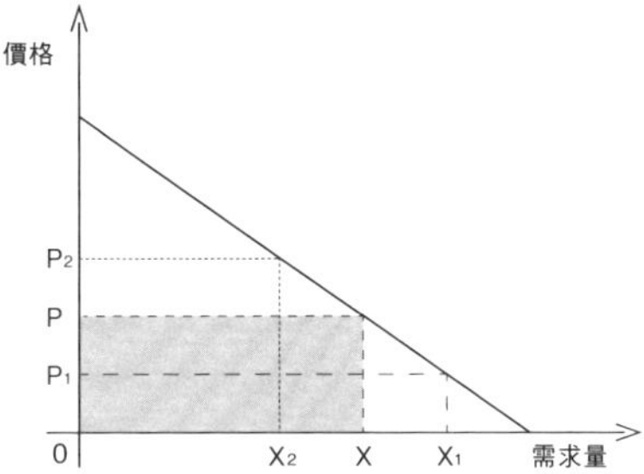

一物一價的收益

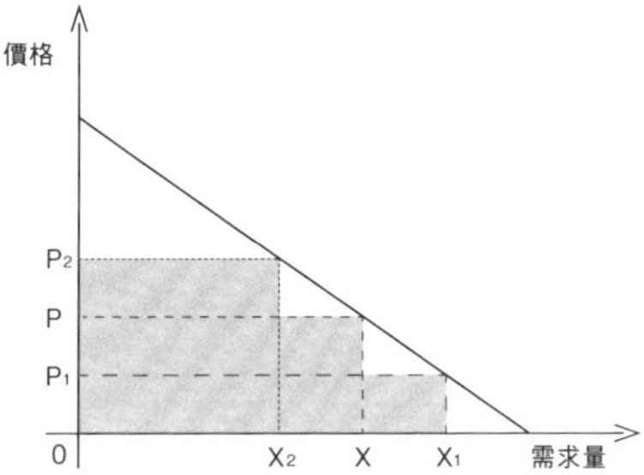

三階段差別取價的收益

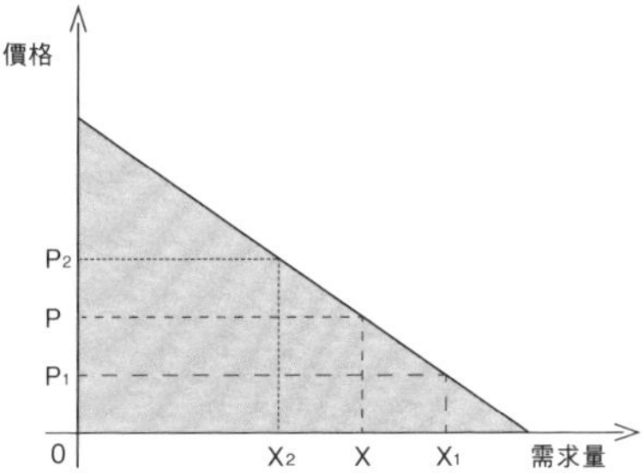

多階段差別取價的收益

重點是要讓重度使用者和輕度使用者都能滿意

前面提到，多階段差別取價的關鍵是來自「前1%」的收入，但這**並不代表可以忽視99%的中度~輕度使用者**。

請各位回想一下我在免費策略的部分說明過的「網路效應」。手遊的價值也在於「有眾多使用者=能夠與大批玩家線上併肩作戰或對戰」，所以需要99%的中度~輕度使用者，才能滿足前1%的死忠粉絲。有這群帶來43%收益的99%中度~輕度使用者，才能創造出占57%收益的重度使用者。也就是說，**重要的是提供「重度使用者到輕度使用者都能滿意、不會輕易放棄的遊戲」**。

到目前為止一直都是用手遊的商業模式當作說明範例。或許會有人想，那手遊以外還有其他適用多階段差別取價的行業型態嗎？我就來舉幾個其他行業的案例吧。

多階段差別取價的效果

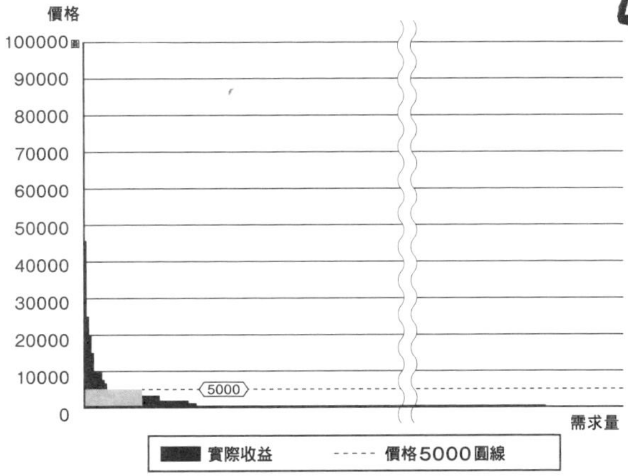
價格
100000圓
90000
80000
70000
60000
50000
40000
30000
20000
10000
0
5000
需求量
實際收益
價格5000圓線

某手機遊戲的需求曲線

圖表為筆者參照 Gameage 總研的數據資料製作而成

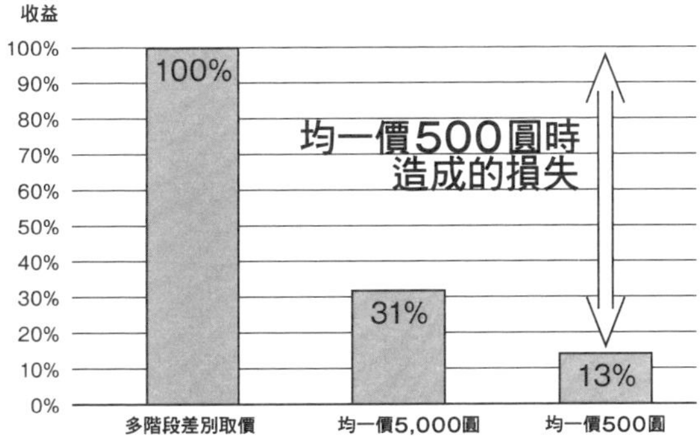
收益
100%
90%
80%
70%
60%
50%
40%
30%
20%
10%
0%
100%
31%
13%
均一價500圓時
造成的損失
多階段差別取價
均一價5,000圓
均一價500圓

某手機遊戲的價格設定與收益比較

參照Gameage總研的數據資料模擬的結果

實際上，利用多階段差別取價來保障龐大收益的行業，橫跨了許多領域。

例如前幾年推出了偶像團體**「附握手會票券CD」**的商業模式。該偶像的死忠粉絲會為了多參加幾次握手會，而購買好幾張CD。即使輕度粉絲不會買CD去握手會，也能用YouTube等管道觀看免費影片來獲得滿足。

還有通訊APP的LINE，有些使用者會購買五花八門的**LINE貼圖**，也有使用者只用免費貼圖就能滿足。應該也有不少人連貼圖都不用，只把它當作單純的聊天程式吧。

另外還有**二手交易平台美露可利**。單純的買家就只需要支付給賣家的商品金額，完全不需要付美露可利一毛錢。但是要在美露可利上架商品的人，則需要支付使用平台的手續費。

Piccoma等**漫畫訂閱服務**，會採取「等待即可免費閱讀」的商業模式，使用者只要等待約一天，就可以免費閱讀最新的章節。狂熱的書迷會因為等不及而不斷付費讀下去，輕度書迷則是只要等待一定期間後就能免費閱讀。電視節目的線上播放也經常是一開始需要付費收看，等一定期間過後就會免費播放。

剛才舉的這些例子，**支付金額都會因使用者而不同**。

對於在美露可利上架大量商品，一年支付約10萬圓手續費的人來說，這就是「值得一年付10萬」的服務。而對於上架商品沒那麼多、一年支付約1000圓手續費的人來說，這是個「值得一年付1000」的服務。

附偶像團體握手會票券的CD、LINE、漫畫和影片訂閱平台也是同理。重度使用者支付較多金額，中度到輕度使用者支付較少金額，全都可以算是多階段差別取價。

明明可以免費或廉價取得的商品，要吸引消費者特意花大錢取用，是非常困難的一件事。不過只要能建構出足以吸引死忠粉絲的商品，得到一批「前1%的重度使用者」，就有望透過多階段差別取價賺取龐大收益。

但是，不管能吸引死忠粉絲付再多錢，「為死忠粉絲付出更多成本」的銷售方式，就跟一般購買許多商品的人沒什麼分別。所以，**多階段差別取價以服務為單位來看，只要是相同的服務，邊際成本（增產所花費的成本）都是零，重度使用者和輕度使用者需要花費的成本都一樣，這一點非常重要**。

從這個角度來重看前面舉的例子，應該就很清楚了。

首先，程式平台（美露可利、ＬＩＮＥ、漫畫和影片訂閱）的邊際成本幾乎是零。「實體」的ＣＤ每一片都需要花費原價製作，但還是可以無限壓低成本。不管是哪一個方法，為使用者花費的成本都一樣，可以確實發揮多階段差別取價增加收益的機制。

「D＝data」——奠定「F、S、P」的成功依據

要使用、分析數據資料，事業才會成功

「D」是「數據資料」。雖然我最後才提到它，但前面說明的「免費（F）」、「社群或社群媒體行銷（S）」、「差別取價（P）」的策略，全都需要以數據資料為憑據才能運用。「FSP-D」裡之所以要加個短線符號，也是為了將作為一切根基的數據資料與其他三者區別開來。

那我就來一一說明數據資料有多重要吧。

首先是「免費」。免費提供公司產品時，通常是以廣告為主要收入來源。**要在什麼時刻、針對什麼人、推送什麼樣的廣告才能提高宣傳效果**。**要用詳細的數據分析來釐清**這些對廣告商來說非常重要的資訊，才有助於增加廣告收入。

此外，如果是用免費版吸引使用者購買付費版的商業模式，有效提高收益的關鍵，就是**弄清楚「免費使用者會因為什麼而願意升級成付費使用者」**。

讓免費使用者願意付錢也想得到的「新體驗」是什麼。如果無法透過經驗和直覺來精準定位出答案，就還是需要利用數據分析。

其次是「社群（社群媒體行銷）」。前面已經說明過，只要採取免費策略，就能相對快速引發網路效應。也就是社群當中的網路效應，可以**獲得龐大的使用者資料庫**。

而且，分析這個資料庫也有助於訂立出「公告的最佳時段」等有效的社群媒體行銷策略。

接著是「差別取價」。設定適當的價格或適當的差別取價，是最大的難關，不過**只要分析使用者消費活動的數據資料，就能訂出合適的價格策略**。

由此可見，數據資料是訂立有效策略的最強工具。

如果不善用數據資料，所有商業策略都是天馬行空，只能依循直覺和前例去賭一把。不論是什麼策略，都要實際做了才會知道，但要是一切只靠無憑無據「走一步算一步」，那風險就太高了。

適合活用「FSP-D」模式領域的「五個特徵」

如前文所述，「FSP-D」模式不論是新的商機還是傳統事業都能活用，但還是會依領域而有適合程度之分。

因此，這裡包含已經解說過的部分，將適合活用「FSP-D」模式的領域特徵分成五點來說明。各位只要對照自己所處的產業，應該就能獲得運用「FSP-D」模式的啟示了。

① 邊際成本趨近於零

如果想利用免費提供公司產品來吸引更多使用者，獲得網路效應的加持，條件就是與增產相關的成本必須要無限趨近於零。

②使用者之間可以互相交流

如果能像社群網站和手機遊戲一樣，讓使用者之間可以直接交流，就能在網路效應中獲得「最直接的網路效應」（某項消費財貨的使用者增加，可以直接增加每位使用者得到的效用＝使用者之間的正回饋）。

③提供交流平台

在網路效應當中，某項消費財貨的使用者增加，會讓能補足該財貨缺失的其他財貨更加充實，最終增加使用者得到的效用，引發「間接網路效應」（使用者、互補財貨之間的正回饋）。

這個間接網路效應需要有能為使用者與企業配對的平台，才有可能觸發。例如遊戲主機只要有愈多遊戲軟體可用，使用者就會愈多；使用者增加，遊戲軟體就會更多。

④可以與其他公司做出差異化

如果自家產品缺乏獨特的魅力、強項，就會進入與其他公司類似產品的「削價競爭」，無法設定多階段差別取價。

⑤有望培養出死忠粉絲

要利用多階段差別取價賺取龐大收益，就必須要培養出「前1%的死忠粉絲」。不能推出對所有人來說價值都一樣、功能都一樣的產品，需要針對使用者個人的嗜好、取向來做商業設計。

即使沒有集滿五個特徵，也能充分享受其益處

前面彙整出的五個項目，終歸只是容易活用「FSP-D」模式的特徵，並不是說要兼具所有特徵才能使用「FSP-D」模式，或是沒有採取這個模式就無法成功。也不是必須同時運用FSPD才行。

重要的是**在資訊化社會裡，將「FSP-D」模式是經商關鍵這件事視為前提，思考該如何將這個模式套用在自家產品或服務，如何善用哪個部分，這麼做會讓自家公司的事業發生什麼變化**。

前面也說過，「數據資料」是一切的根基，以這個為基礎，可以只讓事業的一部分「免費提供」，或是只做「社群媒體行銷」，又或是只設定「差別取價」。例如「這次要上線的服務先免費開放，試試水溫」。

此外，在Google Play等行動應用程式發行平台上，也可以推出「FSP-D」模式作為補充財貨。手遊和LINE就是採取這個策略。

「FSP-D」模式只是個工具，不要被它侷限，而是要思考它在自己從事的產業上是否能作為策略來運用。因此，重新認清自己任職的產業在社會上的定位、功能、存在意義，是非常重要的事。

隨著資訊化社會的擴大，往後可能會再出現新的要素，不過至少**可以確定「FSP-D」會是今後的核心**。

不花錢就能市場行銷！
了解活用數據而得以迅速崛起的企業背後的祕訣。
有效活用社群網站。

重點整理

・資訊化社會、數位革命造成傳統產業的衰退和新創產業的興起。在這股趨勢中採取「FSP-D」模式的商業策略，是日後勝負的關鍵。

・「F＝免費」提供商品，可以快速吸引眾多使用者，就能運用使用者愈多、顧客滿意度愈高的「S＝社群」中的「網路效應」。這個策略最適合不需要花費增產成本的數位消費財貨。

・社群媒體的普及使群眾的消費行為變成以「口碑」、「分享」為基礎。可以運用這個效果的是屬於另一種「S＝社群」的社群媒體行銷。

・「P＝差別取價」當中能創造最大利潤的機制，是涵蓋了重度～輕度所有使用者需求的「多階段差別取價」。

・「D＝數據資料」的分析是FSP的根基。

4章

依據全球標準學識的全新客戶關係管理

——慶應義塾大學經濟學系教授　星野崇宏

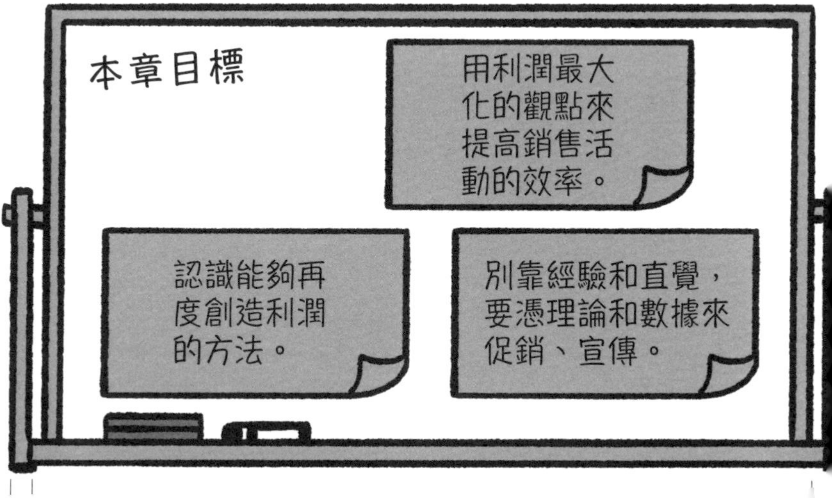
本章目標
用利潤最大化的觀點來提高銷售活動的效率。
認識能夠再度創造利潤的方法。
別靠經驗和直覺，要憑理論和數據來促銷、宣傳。

客戶增加了但利潤卻減少了，面臨與競爭對手搶攻市占率，想把數據活用在事業上……

該從哪裡下手才好？

用利潤觀點管理市場行銷的體系……

那就是CRM

我想在這裡提供給商務人士的學識工具，就是全球標準的「客戶關係管理（CRM：Customer Relationship Management）」方法。

非常可惜的是，CRM這個詞在日本國內遭到誤解和亂用，像是：

①這是關於使用顧客資料的資料庫，與線下的事業無關。

②「如何讓客戶變成粉絲」這種課題，和（我們這種）生產大宗商品的行業沒什麼關聯。

③我們公司是企業對企業（B to B），與顧客沒有關係。

……等等，但這些都是錯誤的認知。

開發新客戶和留住舊客戶，應該分別投注什麼程度的經營資源、在B to B行業提高銷售活動的效率、在B to C（企業對消費者）行業如何分配廣告費和促銷費，以及製造商研發新產品、服務業推出新服務等等，每一個都是很重要的策略判斷。

而在擬定這些策略時會派上用場的，是以龐大學識為基礎、**「能再度創造利潤的商業策略立案工具」，那就是CRM**。

CRM的本質是「以什麼觀點」、「用什麼資料」、「如何運用」，就算是可以慢慢累積顧客行為資料的線上服務和EC（電商），如果並不了解，也沒有善用這些的話，何止是讓系統投資回本，連使用成本都會付諸流水。

即便是不易累積顧客資料的線下服務和製造商，只要能理解並活用ＣＲＭ的本質，就能立即提高利潤率。後面也會提到，**ＣＲＭ的本質不是有沒有數據資料**，只要設定一個臨時數據，或是以業界統計和官方統計數據為起點就行了。

此外，提到市場行銷，很多人都會想到４Ｐ（product產品、price價格、place地點、promotion促銷），或是ＳＴＰ（segmentation市場區隔、targeting目標市場選擇、positioning市場定位），不過以經濟學體系為基礎的這些，都可以從更高的經營角度、**以利潤的觀點統一管理**，那就是ＣＲＭ。

用「利潤觀點」管理客戶，就能「創造最大利潤」

在日本，很多人都誤以為ＣＲＭ代表「重視大戶」、「讓顧客成為粉絲」。可惜的是，全球標準的CRM並沒有那麼重視客戶，簡單來說，是把顧客當作**為公司帶來利潤的人**。

實務上，新客優惠和舊客優惠會花費不同的成本來實施，但CRM思考法是一條龍，也就是說：

①在爭取新客戶方面，要爭取即使付出推銷和廣告、促銷成本也能「帶來利潤的顧客」，**如果顧客不會帶來符合成本的利潤，就不需要多花成本去爭取他**。而爭取客戶用的推銷和廣告、促銷等手段，要分別決定好花費的成本。

②在維持舊客戶方面，要依據該客戶轉移到其他公司的可能性，以及他繼續作為本公司客戶時帶來的利潤額度，決定是否推出留住客戶的措施。

③用利潤指標**客戶終身價值**（LTV：Life-Time Value）**來統一管理客戶**，根據狀況，從為公司創造最大利潤的觀點，來分配爭取新客戶和留住舊客戶的成本，並且決定推銷、廣告、銷售和管理成本（投資）的比率及總額。

這就是用CRM達到統一的利潤最大化。

CRM是給從其他公司轉來自家公司的客戶回扣、銷售的人事成本、廣告、折扣、客戶服務、偶爾開發新產品或服務等等，所有與顧客相關的活動，都用利潤的觀點來統一管理的體系。

只要更換手機電信服務商就現賺「10萬圓」……這怎麼可能？

我來舉個爭取新客戶的具體例子吧。

CRM是依「初期投資」和「長期回購」來看待客戶，簡單來說就是**用「如果為某位客戶進行某個額度的初期投資，長期來看我們有望得到多少利潤」的觀點，來評估客戶**。

就以我個人經驗來說明一下。

我搬進一棟透天厝後，跟太太一起到家電量販店選購大型冰箱。我們選好冰箱，正在等待店員結帳時，有個貌似另一位店員的人走了過來，但他其實不是店員，而是某家手機電信公司派遣過來的推銷員。

他推銷的內容是「如果今天申辦轉移手機電信服務商，一支手機門號就可以獲得這家量販店的點數十萬」。

我家共有我自己、太太、孩子共三支手機，如果全家都申辦轉移，就能獲得三十萬點。「一點＝1圓」，所以總共可以拿到價值30萬圓的點數，因此我們當然馬上決定要轉移。

對我們家來說「淨賺30萬真是太走運了」，不過這件事要站在電信公司的角度來思考看看。

讓客戶現賺三十萬點是很高的成本。該電信公司為了爭取我家這個新客戶，做了三十萬點的「初期投資」。這麼做是為了討新客戶的歡心嗎……其實並不是。

最大的理由，是**三十萬點的初期投資，有朝一日會成為龐大的利潤，讓公司回本**。他們肯定**做了試算，確定從我家這個新客戶賺到的利潤，總有一天會超過三十萬點的初期投資**。

實際上，包含家用網路在內，我們支付給電信業者的通訊費每個月大約是3萬圓，一年就是36萬圓，如果忽略成本來單純計算，只要我們家沒有在一年內跳槽，該電信公司就可以回本了。假設利潤率是三成，只要我們家持續使用三年，電信公司就能回收初期投資的成本。

另一方面，市面上手機電信轉移的優惠大多是「一律一萬點」，這種普遍微薄的優惠又是怎麼一回事呢？

如果對方跟我說「會贈送一萬點」的話，雖然我並不留戀原本的電信業者，但可能會嫌轉移手續很麻煩而寧願放棄吧。

或許會有人覺得這一點優惠不拿白不拿，但公司一樣要花費公告的廣告宣傳費和相關成本。更重要的是**會為這些優惠行動的，是在意折扣和點數的客戶**，不介意手續耗費的時間、收入較低的客戶，只要其他公司也推出相同的優惠，他們就很有可能再度跳槽。這種客戶的性價比明顯很低。

順便一提，「一支門號贈送十萬點」的優惠對象都是哪種人呢？像是「搬進透天厝」、「住在高收入人士較多的地區」等會選擇高月租費方案，也就是利潤率較高的人，以及不太會特地花時間和力氣成本去查詢比較各電信業者之間的差異、頻繁轉移門號，也就是跳槽率很低的人。簡單來說，就是一支門號花10萬圓也值得爭取（＝客戶終身價值高）的顧客。

其實，我以前跟這家公司有過業務關係，知道他們會從終身價值的觀點計算促銷的投資報酬率，所以這個策略很可靠。

不論對象、一律提供微薄的優惠，只會吸引到跳槽機率很大的客戶。即使不用計算，也能看出選擇不易離開的對象，為他們提供高額點數的新戶優惠方案，長期能賺取的利潤比較高了。

客戶終身價值＝「這位客戶能幫自己賺多少？」的重要性

大家應該已經多少能夠想像真正的CRM是什麼了吧。

重視客戶、努力提高顧客滿意度當然很重要。

但既然商業是要取得顧客付出的酬勞才能成立，那就必須**從「該客戶能幫我賺多少錢？」的觀點，冷靜地擬定策略**。追根究底，也要能夠判斷出哪些客戶無法幫忙賺錢，不能將成本花在他們身上。

「那位客戶今後能幫自己賺多少」——這在CRM中稱作**「客戶終身價值」**。

不是只追求顧客買下商品的那一刻，或是簽約當下的利潤，而是**以中長期的眼光來看，顧客可能為自己帶來多少利潤**。這是**為了讓企業繼續提高利潤**，說得更白一點，是**為了讓企業能夠持續營運的一大重要觀點**。

客戶終身價值最簡單的計算方法

謹慎起見，我還是先列出在最簡單的狀況下，客戶終身價值的計算公式。

為了簡化說明，我們就以訂閱服務契約為例。客戶每個月付費購買A圓的訂閱方案，該方案的利潤率是B%，而該客戶的預估簽約期間是C個月。為了爭取這名客戶，需要花費的折扣金額和廣告促銷成本是D圓。

於是，

客戶終身價值＝A×（B／100）×C－D

以上就是公式[*1]。很簡單對吧？讓我們套用前面電信公司的例子來看看。

①如果是在量販店的銷售空檔向顧客攀談，就不會多花十萬點以外的成本，所以「D＝十萬點」。應當爭取的顧客是願意付高月租費的人，所以假設「A＝1萬圓」、「利潤率B＝30%」。

如果這類型的顧客平均十年持續「C＝一二〇個月」的契約，

①可以爭取到的一位客戶的終身價值
＝1萬×30%×一二〇個月－10萬＝26萬圓

而另一方面，

②一萬點優惠方案會花費廣告促銷成本。假設除了點數以外，平均一位客戶要

多花5000圓成本，就是「D＝1．5萬圓」。花費這筆成本可以爭取到的客戶支付的月租費，預期是「A＝0．5萬圓」、「利潤率B＝20％」。如果這位客戶平均三年持續「C＝三十六個月」的契約，那麼

②可以爭取到的一位客戶的終身價值
＝0．5萬×20％×三十六個月－1．5万＝2．1萬圓

假如兩者的促銷經費都設定為1億5千萬圓，

・①可以投資一千五百名客戶，淨賺3億9千萬圓。
・②可以投資一萬名客戶，淨賺2億1千萬圓。

＊1 另有其他公式可以反映出月租費不固定，以及客戶離開率會從簽約初期開始逐漸下降等現實狀況，不過這裡為了方便說明而省略。

不管具體的數字是多少，懂得這種計算方法、知道可以賺大錢的公司，就會大膽推出一支門號送10萬圓的促銷專案；而不懂得這種計算方法的公司，就只會採取薄利多銷的促銷手段了。

「客戶終身價值」的觀念為何能吸引經營階層

假設貴公司在營業額和利潤方面停滯不前，各個部門的主任在公司會議上提出今後的處理方式。

廣告宣傳部要求提高廣告預算，以便爭取新客戶；業務部要求增加業務人員來拉攏新客戶；服務部門認為要擴充集點制度，以免流失舊客戶；企劃部要求開發新的服務……究竟哪個措施要花多少成本比較好呢？

其實，以客戶終身價值為基礎的CRM觀念，可以統整這些課題。

舉例來說，假設前面的電信公司為了防止舊客戶離開，而推出了擴充集點制度的專案。

我們根據一定的基準，把過去花了1萬5千圓成本招攬到的舊客戶，當作是有跳槽可能性、容易受到誘因影響的顧客。如果有些舊客戶和前面的②是同類型的客戶，那他們的終身價值就是2．1萬圓。這種客戶歸類為③，並在集點制度裡提供給他們「續約愈久就愈優惠的誘因」。

③　月租費「A＝0．5萬圓」、「利潤率＝20％」，如果平均續約八年，也就是「C＝九十六個月」，即使在續約期間電信公司提供誘因「D＝2萬圓」，

③可以爭取到的一位客戶的終身價值

＝0．5萬×20％×九十六個月－（2萬＋1．5萬）＝6．1萬

也就是說，用「贈送兩萬點的留住舊戶措施」，可以將③的終身價值提高到

「6・1萬－2・1萬＝4萬圓」。

假如你是經營者，要投資10億圓。下列選項你應該要選擇哪一個呢？

・①的爭取新客戶措施（10萬圓成本可以獲得26萬圓報酬）
・②的爭取新客戶措施（1・5萬圓成本可以獲得2・1萬圓報酬）
・③的留住舊客戶措施（2萬圓成本可以獲得4萬圓報酬）

性價比最高的是①（10萬圓成本可以獲得26萬圓報酬），但①能爭取到的客戶類型人數有限。如果只能爭取到五千名①的客戶，那①就只會用到5億圓的預算，還剩下5億圓。

將剩下的5億圓投入②的新客戶措施，可以獲得7億圓的報酬；投入③的留住舊客戶措施，可以得到10億圓的報酬。

由此可見，先在①投資5億圓，接著在③投資5億圓，才是最佳投資方式。

龐大到各種問題都能回答的CRM學識……能回答貴公司問題的研究早已出爐！

「什麼時候爭取新客戶的成本較高？」的研究

據說「爭取一位新客戶的成本是留住舊客戶成本的五倍」，但真的是這樣嗎？為什麼會這樣呢？還有，在什麼時候爭取新客戶的成本通常會特別高呢？關於這個問題，國外研究者已經根據龐大的資料庫，解開各種錯綜複雜的因素，得出了對實務家有益的研究結果。

這裡就引用四十一國手機電信公司資料做的知名研究，作為其中一個例子

（Min等2016）。

這裡計算了每一季的新客戶人數與舊客戶的跳槽率，並根據促銷成本的變動與新客戶人數、留住的舊客戶人數之間的關係，導出公式後，得出爭取一位新客戶的成本與留住舊客戶的成本（圖）。

以下就是其中幾個從結果可以獲得的見解。

① 原則上，留住舊客戶的成本較低（平均爭取一名新客戶的成本，是留住一名舊客戶成本的二～五倍）。

② 競爭對手增加，會使爭取新客戶的成本提高。而競爭對手增加並不會影響留住舊客戶的成本。

③ 領頭企業（第一名的企業）與追隨者企業（第二名以下）留住客戶的成本都一樣。

爭取新客戶與留住舊客戶的成本比較

（修改自Min等2016的圖表）

爭取新客戶與留住舊客戶的成本，在有許多競爭對手時會如何變化？

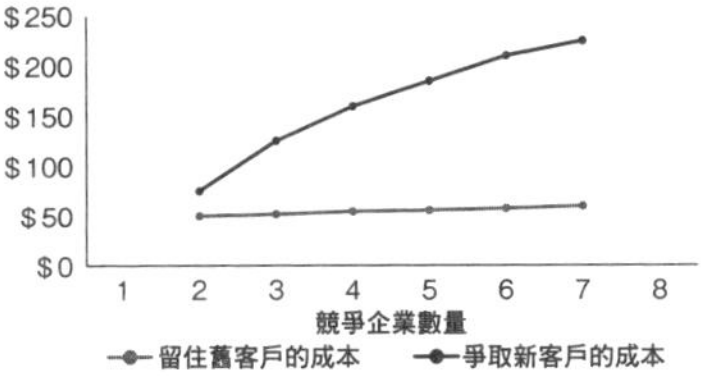

普及率造成的成本差異

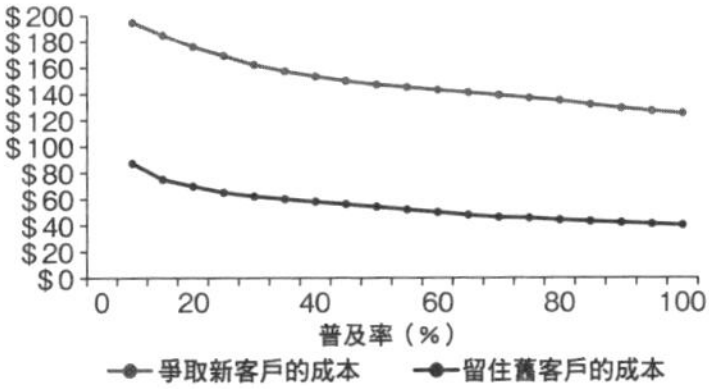

普及率造成的留住舊客戶的成本差異
在第一及第二名以下會如何變化

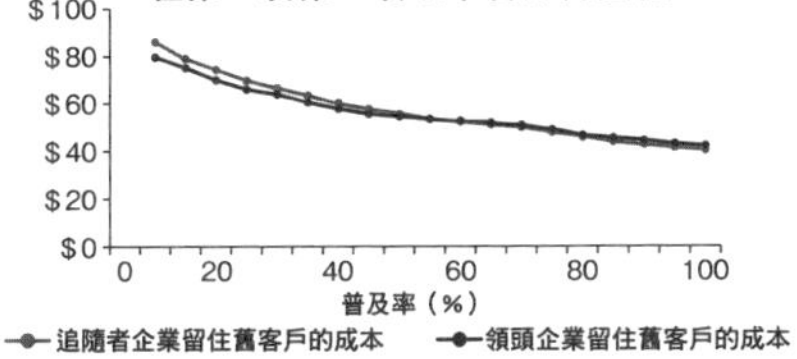

普及率造成的爭取新客戶的成本差異
在第一及第二名以下會如何變化

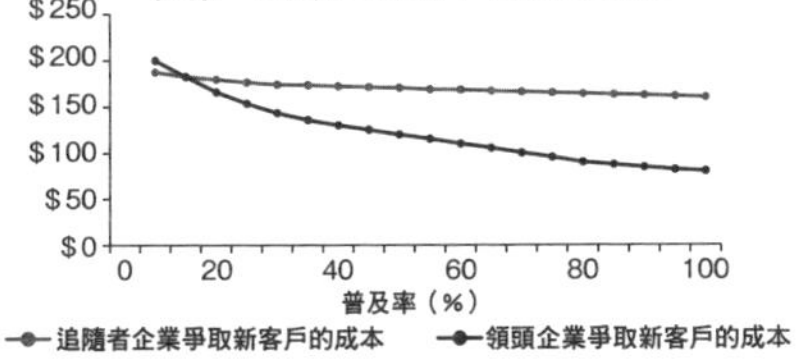

④領頭企業爭取新客戶的成本，會在該產品或服務普及後大幅下降。因為後來使用新產品或服務的客戶（在知名的羅傑斯分類中屬於後期大眾），都是為了迴避風險才會選擇最知名的企業。

所以，重點在於革新的產品和服務，能在競爭對手增加以前收割多少新客戶，這同時也暗示著，如果你是站在追隨者企業的立場，早期還需要把重心放在爭取新客戶，但是在事業進入成熟期以後，留住舊客戶就變得比較重要了。

或許會有人覺得這種結果很顯而易見，但這項研究是在具體的狀態下，定量比較爭取新客戶與留住舊客戶的成本後得出分析結果，而這項結果**甚至能夠推導在哪個方面、投資多少比較好**。

作為銷售科學的CRM……
錯誤的KPI、KGI設定問題

前面已經談過B toC的CRM概念了，相同概念也可輕易用在B to B。雖然這裡僅限於爭取新客戶，不過在企業銷售方面，經營者和業務本身，也大多：

① 不看客戶的終身價值，而是看「客戶的企業規模」和「初次交易金額」。

② 忽視**銷售活動中業務員的人事費也是需要花費的成本**。

而且，

③ 銷售通常是以「簽約時的企業規模」來評斷，往往相信「持續向大型企業推銷，有朝一日成功簽約後就能扭轉局面」。

④ 人的天性就是無法忽略過去已付出（但沒有得到回報）的努力和成本

（這在經濟學上稱作**沉沒成本**），傾向於繼續花費更多成本。例如在銷售方面，為其他中型合約投注相應的推銷成本，明明更容易成功簽約，卻總是投注在要花大把時間推銷的大型合約、變成沉沒成本。

另一方面，規模愈大的企業，

⑤ 愈容易吸引其他競爭對手來推銷。

⑥ 設有合約、採購部門，對成本十分敏銳。

結果就是：

⑦ **規模愈大的企業，離開率愈高**，「終身價值」可能反而比中型企業低。

實際上，目前**許多研究顯示，企業規模與客戶終身價值是呈倒U形**。

也就是說，比起全力取得一個大型合約，分散投注幾個小型合約更能降低銷售成本，客戶離開率也較低，整體的投資報酬率（客戶終身價值）可能會更高。

利用KPI、KGI來管理的盲點……
經濟學的機會成本概念

許多企業都會給取得大型合約的員工較高的考績或升職，不過在經營決策上，光是這樣做顯然不行。

說得極端一點，這個合約簽下的客戶所帶來的利潤，可能明年就會歸零。如果發生這種情況，該員工就只是在拿到大合約的當天爆紅而已，以長遠的眼光來看，他並沒有創造出值得升遷的成果。

近年來，很多企業都試圖以指標為依據來改善銷售活動，而開始設定KPI（Key Performance Indicator：關鍵績效指標）或KGI（Key Goal Indicator：重要目標達成指標），但**錯誤的KPI、KGI設定會導致利潤減**

少。**在銷售上的商談件數、估價件數、簽約件數、合約交易額更是首當其衝**。消費財貨製造商的銷售業務，也會依照在負責區域的零售商上架率和銷售量來評斷，這是一樣的道理。

一切都應該要追求利潤最大化（即唯一的KGI應當是利潤），KPI終歸只是過程中間的指標，只要在適當的時刻運用就好。舉例來說，在銷售業務上將商談件數定為KPI、合約交易額定為KGI，那目的就會變成是提高KPI跟KGI，可能會導致最重要的利潤減少。

此外，KPI、KGI管理的一大問題，就是沒有考慮到**機會成本**。所謂的機會成本，就是做了某個行動A以後得到的利潤PA，小於做了最好的行動B以後得到的利潤PB時，

$$P_B - P_A$$

計算出的結果，就是「未採取最好行動而失去的利潤（利潤損失）」。

引用剛才的例子，無法忽略向大型企業推銷所花費的時間（沉沒成本），而持續向該企業推銷，若**將這段時間改花在其他小型合約上並成功簽約時，可能會獲得的客戶終身價值，就是機會成本**。

如果單純只考慮合約交易額和件數這些KPI、KGI指標，就不會想到機會成本。這就是為什麼KPI、KGI管理常常無法成功提高利潤的緣故。

此外，在無法計算利潤的情況，具體來說像是NPO、NGO和政府的政策、社會投資，這些以往都很重視KPI，不過近年已經開始採用SROI（Social ROI：社會投資報酬率），用匯率換算所有效益，以利潤作為指標來進行統一的評價。

估算「該客戶幫自己賺進的金額」、將之最大化的數據應用

計算客戶終身價值需要哪些資訊？

為了計算前面談過的客戶終身價值，需要哪些資訊呢？這裡為了簡化，就聚焦在保險費、電費、手機月租費等契約型[*2]服務來解說。

依照每一種客戶或客戶類型（顧客區隔）、狀況，需要按各個契約種類：

① 估算離開率的預測值（這一點是關鍵）

客戶類型、契約型態、使用型態都要用「類似的人」過去的離開率來計算。

② 估算月收益或年收益

根據「類似的人」過去的數據資料和經濟狀況的變化來計算。

③ 計算成本

並根據客戶的獲取成本和爭取到的機率、爭取到後的維持成本來計算。

如果是B to C，獲取成本就是廣告和給新客戶的折扣；如果是B to B，則是推銷活動的成本、因應競爭的費用、首年度的合約優惠造成的利潤損失。

＊2 零售商、買斷型服務、製造商也能計算，不過這裡姑且省略。

具體上需要的數據

計算客戶終身價值需要的具體數據如下。

如果是B to B企業，需要每家企業的「每月或每年訂單金額」、「每月或每年的成本或淨利率」、「何時脫離本公司業務」、「爭取新客戶所花費的推銷與因應競爭的成本」、「負責對應舊客戶的人事成本」。

除此之外，若是可以的話，還要活用企業資料庫，模擬計算「什麼樣的企業可以得到多少訂單金額和淨利率」，就能分辨出誰是應當爭取的新客戶。

如果是B to C企業，顧客都是獨一無二的ＩＤ，所以需要「每月或每年的付款金額」、「每月或每年的成本或淨利率」、「何時脫離本公司業務」、「爭取新客戶所花費的推銷成本」。

其他成本還有吸引新客戶的廣告費、客戶服務中心等等，這些可以先計算公司整體的花費，再依客戶人數均分即可。另外，如果有客戶屬性的分別，也可以進行各種模擬推算[*3]。

沒有客戶資料的應對方法

如果企業裡沒有完善的客戶資料，就無法計算出作為所有行銷決策本質的客戶終身價值，因此應當從現在開始立刻累積資料。不過，多數企業的管理階層似乎都沒有理解資訊的價值和重要性，遲遲無法決定是否要投資在資訊獲取上吧？

這時，**我建議可以先使用現成的統計資料，或是市場調查的數字來推算**。

＊3 如果是B to C，零售商和提供服務的業務，會與保險和訂閱這類契約型業務不同，需要「準備好用來提高顧客忠誠度的點數制」、「從數據推測客戶何時會離開本公司」，有各種可以提高效率的小技巧，但這裡不多加敘述。

以前面的手機電信商為例，日本的電信服務離開率其實可以從總務省公布的「手機電話號碼可攜服務件數」來推算，這樣電信商就能以綁約的形式，大致掌握我們星野家的月租費金額，還能從公司內部資料大略知道成本和淨利率吧。

但目前的狀況是，就連遊戲和電商網站這類提供線上服務、累積大量數據資料的企業，也大多沒有學到依據ＣＲＭ的策略判斷力。如果不易取得客戶資料的實體店鋪事業，也能夠根據客戶終身價值做出策略性判斷，就可以提升決策的品質，以及賺取的利潤了吧。

不過，若是想要提高決策的精準度，終究還是要累積自家公司的資料。因為就跟前面舉的例子一樣，客戶類型會大幅影響離開率和成本。

千萬別以為「反正只要收集數據就好了」

從其他電信商攜碼轉移的優惠活動大多是「一律送1萬圓」，由此可見，**許多日本企業都沒有正確活用數據資料來賺取利潤**。我認為這當中有兩個大問題。

第一個問題，是**根本沒有收集可用的數據資料**。

根據我實際與企業接觸的親身體驗，認知到數據資料的重要性、已經建立客戶資料庫的企業並不少。

但是，這些企業雖然強調CRM系統，**他們的CRM系統裡卻大多不包含能計算出客戶終身價值的必備資料**。都花成本收集資料了，卻無法用來計算客戶終身價值，所以就等於只是白費成本，去累積一堆沒有提高利潤效率的資料。

第二個問題，是**有可用的數據，卻不知道該怎麼運用**。就算自家公司沒能累積數據資料，但還是可以利用公家機關的統計資料、市場調查等外部機構公布的數據。

雖然這裡沒有篇幅可以介紹，不過事實上，已經有龐大的學術研究將各種因素化為變數，導出客人基於某些理由決定購買某商品的機率，或是決定不再購買的機率。

因此，只要收集到適當的數據資料，套入經濟學的架構，就能估算出前面提過的「客戶終身價值」。

只要**懂得運用數據和學識來進行全球標準的客戶關係管理**，包括初期投資在內，都可以提出效果更好的客戶管理策略。

如果當下公司裡沒有能做到這些的人才，也可以聘請專攻實證經濟學和商業科學的學者，在他的指導下努力去做。

將客戶終身價值最大化的「投資」是什麼？行為經濟學學識的活用

「投資」是提高客戶終身價值的有效手段，但**「投資」其實也有各式各樣的形式**。

比方說，客戶要求價降，如果不答應的話，就可能會解約。在這種狀況下，「是否答應降價」這件事，可以想成是「今後該客戶能為自己帶來多少報酬」。如果「答應降價會造成的損失」，遠低於「答應降價後續約所賺到的中長期報酬」，那麼答應降價才是上策。**降價造成的損失，也可以當作一種投資**。

對新客戶推出「現在購買可以打〇折」的策略也是同理。應當**要根據該客戶**

中長期可能會帶來的報酬，判斷**是否值得「提供折扣作為投資」**。

倘若沒有這個觀點，只因競爭對手降價就跟著降價，那降的就只會是「自己心中的價格標籤[*4]」。一旦心中的價格標籤替換成了低廉的價格，就不容易回到原價了，因為那等於是「漲價」。

此外，我在前面銷售的部分已經談過，**分配時間、人力資源也是一種投資**。因為需要花費人事成本，將這個成本投資在哪裡，也會大幅影響企業的收益。

也就是說，想爭取新客戶時，挨家挨戶上門推銷跑斷腿，是非常沒有效率的投資。頻繁向有望帶來中長期龐大利潤的對象，即客戶終身價值較高的人推銷，反而更有效率。

也就是**把花在爭取新客戶的時間、人力資源當作投資，將成本集中投注在足以彌補這些付出、有望取得高報酬的地方**。

「給優質老客戶的豐富優惠」其實都是「浪費」!?數據呈現出的客戶行為經濟學

在日本提到客戶關係管理，大多會先聯想到「客人是神」、「為了留住消費力高的老客戶，應當給予優待」。面對忠實顧客，企業商家或許都會滿懷「感謝」的心情，想提供更高的折扣或是優惠方案，慷慨地投資在他們身上。

但是，從CRM的原始觀點來思考，尤其是在B to C的狀況下，這麼做通常不算是好方法。因為，**早就成為忠實顧客的人，已經十分滿意貴公司的商品或**

＊4 行動經濟學稱之為「參考價格」。有各種研究指出，人們通常不是依據價格本身，而是傾向於看參考價格與實際價格的差距，來判斷是否購買。

服務，就算不特意追加投資，他們也很有可能是會繼續帶來龐大利潤的舊客戶。

應當投資的，是會創造新利潤的新客戶，以及為公司帶來的利潤還有「成長空間」的輕度～中度消費力的客戶。

另一方面，忠實客戶是高級顧客，如果他們「只會跟貴公司購買」的話，當然就很難要求他們再購買更多。忠實客戶帶來的利潤已經高到沒什麼成長空間，所以公司應該要明白促使他們追加購買的投資報酬率會很低。

比起忠實客戶，為輕度、中度消費力的顧客提供折扣或點數制度，效果更好，這一點已經過大量研究結果證實。

舉例來說，有一項關於零售商店點數制度的知名研究（Liu, 2007），在開始實施點數制度的時候，將客群分成重度、中度、輕度這三類，圖表中顯示出實施後顧客的購買頻率和購買量，重度顧客幾乎沒有增加，但中度和輕度顧客卻逐漸

向忠實客戶促銷的效果通常很低

（筆者修改自 Liu, 2007 的圖）

各個顧客階層的每月使用次數變化圖

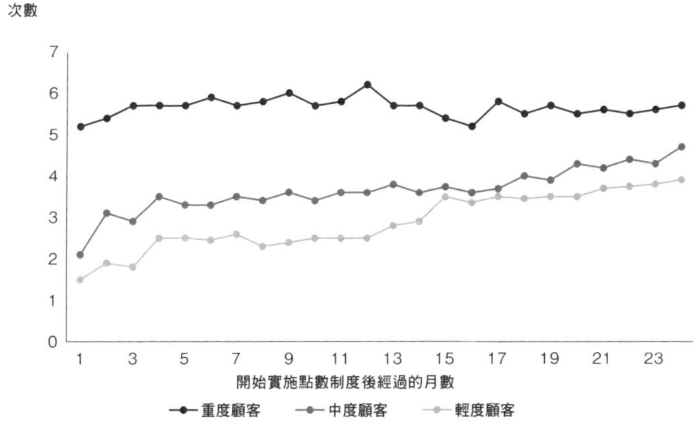
次數
7
6
5
4
3
2
1
0
1 3 5 7 9 11 13 15 17 19 21 23
開始實施點數制度後經過的月數
重度顧客
中度顧客
輕度顧客

上升。

我也曾經為了協助多家公司實施點數制度而進行分析，每一家都呈現出相同的傾向。

不過，從忠實舊客戶的角度來看，長年愛用卻沒有得到任何回饋，也可能是顧客出走的主因。

如果公司能站在忠實顧客的立場思考，應該就會知道如何因應了。

顧客是滿意該企業的產品或服務才會成為忠實顧客，所以並沒有那麼追求金錢上的利益。他們想要的，就是**「被當作忠實客戶」的感受，以及「受到尊重」的感受**。如果是B to C，可以提供能滿足粉絲心理的「非金錢利益」；如果是B to B，可以通融對方擁有優先交易權，這些作法都對忠實的老客戶很有效。

比方說，選品店可以專為年度累計消費金額高的忠實顧客，舉辦選品促銷活動，或是寄給他們比一般顧客優先的特惠情報。「可以參加內部特賣會」、「可搶先收到最新消息」，這些對顧客來說都是非金錢的利益。

但是，他們卻能**滿足於這種「特殊待遇」，成為可以為企業帶來更長久利潤的顧客**。

提升業績的關鍵是「重視專業」的文化

如同其他章節也提過的，日本企業大多沒有自家公司專聘的經濟學專家，所以才不懂得採取具備經濟學學識的經營策略。

但這並不完全是企業自己的過失，學術領域應該也需要多加反省。

因為，雖然日本很多大學的經濟學系，只會聘請論文有能力登上國外一流學術期刊的經濟學者，但商學和經營學等所謂的管理科學領域中，卻鮮少有人會做全球標準的研究，目前只要是能用日語寫案例研究的論文的學者，大多都能獲聘為教師。

此外，仰賴策略顧問也是個很大的問題。大家都知道，日本在泡沫經濟瓦解後，便開始陸續委託顧問公司，協助企業改組或降低成本。

其實，這種顧問公司長久以來參照的體系和見解，都是一九八〇年代以前的產物。在海外，從可以取得各種企業活動和消費活動數據資料的二〇〇〇年代以後，**便進行了大量的實證研究，更新了經濟學和管理科學的資料**。

遺憾的是，日本企業的問題，除了並不是由管理專家來進行經營管理以外，還有**提供顧問諮詢服務的公司，其見解仍停留在一九八〇年代而尚未更新**。另一方面，不只是GAFA，擁有傲人的高淨利率、持續成長的外商企業，都會高薪聘請擁有經濟學博士學位的專家，由他們指導現場的決策，實際活用了可用於高度商業領域的學識。

為了讓日本面對自己落後時代的事實、稍微迎頭趕上一點，至少要讓有興趣與企業合作的**經濟學家投入企業經營和實務，才是最快的捷徑**。日本國內雖然也有企管學家具備了海內外都通用的學識，但人數非常少。

另外，如果改變一下觀點，我們這些身在學術領域的專家，也需要有主動接觸企業的心態。必須以對方並不熟悉經濟學為前提，與企業建立起「共同研究」和顧問諮詢的關係。

當然，企業方也有必須實行的課題。舉個很常見的例子，不管基層的年輕職員再怎麼了解活用數據資料的重要性，只要經營者和高層無法理解，就會陷入瓶頸。可惜日本大多數的經營者都不是「企管專家」。因為日本社會長久以來都有工作輪調的結構，始終尊崇全方位的通才。

通才不僅缺乏專業知識，還不願意被專家占便宜利用，總是全力仰賴企管顧問或智庫，莫名其妙就被迫付給這些人士可觀的費用。其實，這些顧問都知道「（銀行這類）有傳統工作輪調制的企業」不會特地派有專業知識的人來負責這方面，才將他們當作「忠實客戶」。

話雖如此，要馬上成為專家並不容易。日本也無法立刻效仿海外，建立起擁有博士學位或MBA的人才能升職的文化。

因此，企業方需要講求的是**與學術領域的專家合作，向他們學習，以及培養出重視專業的文化**。

不是「交給專家處理，只要知道結論就好」，而是與經濟學專家一同解決課題，偷師他們的思維方法。

經濟學並不是依循過去的經驗和成功體驗，而是保證能確實重現成功的學問。既然如此，那就非好好運用不可了吧。如果能夠在與經濟學專家合作的過程中，逐漸理解經濟學的專業知識和技能概略，學識的運用肯定會更得心應手。

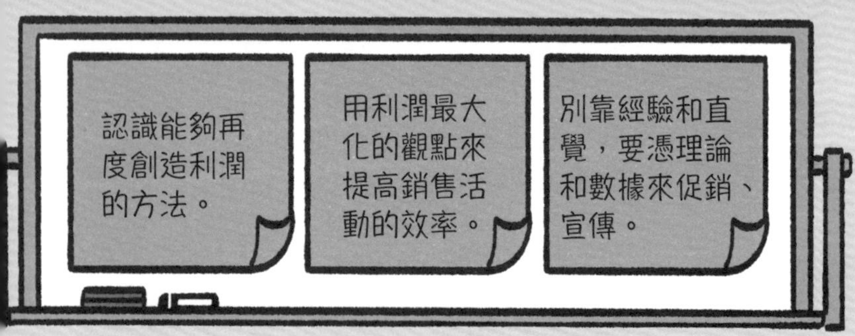
認識能夠再度創造利潤的方法。
用利潤最大化的觀點來提高銷售活動的效率。
別靠經驗和直覺，要憑理論和數據來促銷、宣傳。

重點整理

・客戶「會為自家公司帶來利潤」，應根據「該客戶中長期會為自己帶來多少利潤」（客戶終身價值），來決定對客戶（金錢、時間、人力上）的投資額度。

・沒有以客戶終身價值的計算為基礎的CRM系統，沒有任何用處。

・B to B在篩選推銷的對象時，也需要注重客戶終身價值的計算。

・依據客戶終身價值來做決策時，即使沒有客戶資料也可以模擬推算，但仍然需要數據分析才能提高精準度。

・比起投資所有顧客，「集中投資有望為自己賺進高報酬的顧客」效率會更好。

・想爭取的新客戶所創造的報酬，若是高於中長期的投資額，就應當投注高額的初期投資來爭取。

・原則上，為忠實的舊客戶提供「金錢利益」是下策，能讓他們感受到「特殊待遇」的「非金錢利益」才有效。

5章

會計與ESG 大致掌握價值觀和規則的大變化

——靜岡縣立大學管理資訊學系教授　上野雄史

本章目標
看懂商業的基礎教養「財務報表」。
什麼是數值無法完整表現的「公司價值」？
ESG如何改變「自己的工作」？

財務報表、會計、ESG、SDGs……

養成公司職員至少要具備的商業教養

「經濟是魔物，公司是生物，會計是照相機」——這是我個人對會計學的解讀。經濟會受到天災、政變、社會動盪等無法預測的要素影響而改變，是無從掌控的「魔物」。而在經濟的擺布下想辦法苟延殘喘的公司是「生物」，會計則是會鉅細靡遺記錄這種生物姿態的「照相機」。

除了經營者和會計部職員以外，大多數人應該很少親眼見過會計文件。但每一家公司都必定會有彙整財務資訊的「財務報表」。財務報表就是用會計這台「照相機」拍下的**公司整體概況**。

在組織裡工作的人，很難察覺自己的工作為公司貢獻了多少利潤。公司通常是採取將工作分類發配給各個部門的分工制，難以看清全貌。

但是，財務報表描繪了一個完整的全貌。它用數字表現出每一個人工作成果的累積。

財務報表上可以看出「未來的提示」

我建議就算是對會計毫無興趣的人，也**應該要讀一下企業公布的財務資訊**。

企業在官方網站上公布的「財務資訊」有各種形式，而且份量龐大，一知半解地看可能會覺得很痛苦。因此我建議大家要**「探究財報」**。每個年度、每一季（三個月）公布的企業活動成果都會整理成報告，要去看這份財務報告。

財務報告包含了財務報表，彙整了企業概況和事業現況。過去所有企業都是整理成相同的格式，是很容易比對的資料。凡是有股分在證券市場公開上市的企業，全都有義務製作財務報告。

這份財務報告，需要經過公認會計師監查後才能提報，所以資訊的品質有一定的保證。

「如何撐過新冠疫情」、「該研發什麼新產品或服務」、「要進軍什麼領域」……這些資訊**不只可用於投資判斷，也能用於思考自己如何度過疫情、面臨什麼挑戰，作為人生管理的參考**。只要看報告上的營業額（sales）和利潤（income）的推移，應該就能得到某些發現或提示。

要「能夠深讀」經濟新聞

尤其是海外知名企業的財務報告，更是啟蒙的寶庫。像是GAFA等公司的財務報告，只要上網搜尋就能輕易取得。

請大家試著在網路上搜尋「Apple annual report」，第一個搜尋結果肯定是「Investor Relations－Apple」吧。點進網頁後顯示出的「Financial Data」裡會有個「Annual Reports on Form 10-K」的項目。這就是蘋果公司的財務報告，相當於日本的有價證券報告書。

蘋果公司的市值在二〇二二年一月三日超過3兆美元，引起了熱烈討論。市值就是指公司的價值，3兆美元是個非常駭人的數字。從財務報告中可以看出該企業的現況，以及展望的未來。

蘋果公司最令人印象深刻的可能是iPhone，不過近幾年來，不只是iPhone本身的銷售量，它所提供的服務（廣告、雲端空間、數位內容）的銷售額也蒸蒸日上。

而蘋果公司的營業額是3658億美元，相較之下，營業利潤（本業賺取的利潤）是1089億美元。與其他多家企業相比，應該可以發現蘋果公司擁有驚人的高收益。從數字可以看出，蘋果非常重視公司的品牌價值，提供有高附加價值（利潤很高）的產品和服務。

需要閱覽日本企業的有價證券報告書時，如果是有股票上市的企業，只要搜尋「企業名稱 有價證券報告書」就能輕易取得了。

此外，只要活用 EDINET（https://disclosure.edinet-fsa.go.jp）的文件搜尋功能，即可閱覽日本所有上市企業的有價證券報告書。

為何現代商務人士非常講求「對會計的理解」

會計是掌握「高深莫測的公司」整體概況的「一種表現」

會計是公司這個生物的一種表現方法，但光憑會計也不可能全面表述。更重要的是，會計表現不出無法數值化的要素。比方說企業的內在品牌價值，硬要用數字表現也不是不可能，但現階段很難計算出客觀的數值，也就是所有人都能接受的數值。

財務資訊裡包含了能以客觀數值表現的企業活動。所以，我們可以從有價證券報告書中的財務報表，掌握企業活動的概況。

財務報表又分成三種，彙整某個時間點（二〇二一年末等等）企業財務狀況的**「資產負債表（BS）」**、彙整收益與支出的**「損益表（PL）」**，以及記載現金收支的**「現金流量表（CS）」**，這些合稱為財務三表。除此之外，還有股東權益變動表、補充附表等等，但財務三表格外重要。

這裡我們要特別專注於財務三表當中的「資產負債表（BS：Balance Sheet）」。表中彙整了**企業的財務狀況，例如企業的資產和負債、純資產狀態**。

資產負債表是由「資產」、「負債」、「純資產」這三者構成，「資產－負債」的差額就是「純資產」。當然也可以寫成「資產＝負債＋純資產」。這又稱作「會計等式」。將資產分到左邊（借方）、負債與純資產分到右邊（貸方）來保持平

什麼是財務三表？

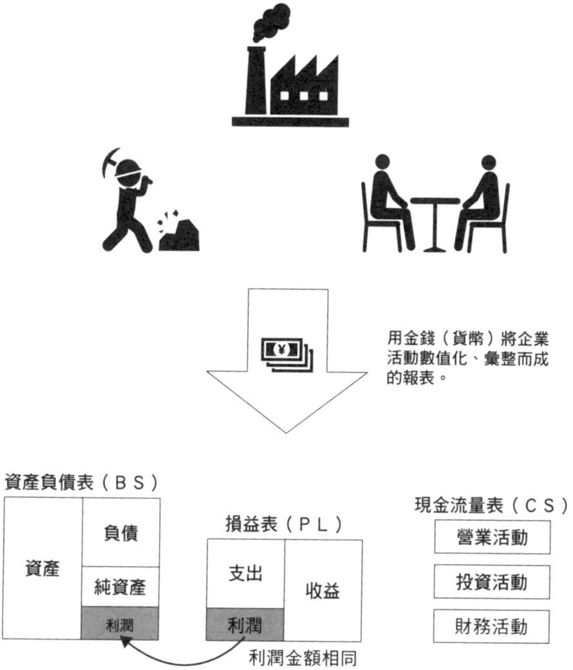

用金錢（貨幣）將企業活動數值化、彙整而成的報表。
資產負債表（ＢＳ）
資產
負債
純資產
利潤
損益表（ＰＬ）
支出
收益
利潤
利潤金額相同
現金流量表（ＣＳ）
營業活動
投資活動
財務活動

衡，很有意思吧。

・資產──「流動資產＝現金存款、應收帳款、應收票據（未收帳款）、存貨商品等等」與「有形固定資產＝土地、建築、工具器具備品等等」「無形資產＝商譽、軟體等等」「投資等其他資產＝分公司與關係企業的股分、長期持有的債券、股分」的合計。

・負債──「流動負債＝應付帳款、應付票據（未付帳款）、短期借款等等」與「固定負債＝銀行的長期貸款、公司債券、勞工退休準備金（預計將來撥給的退休金當中，作為當期負擔費用計入的金額）等等」的合計。

・純資產──「資本金（從股市籌備的資金）」「資本公積」「留存收益（保留盈餘）」「評價、兌換差額（其他損益的累計金額）」、其他資本項目的合計。

只看流動資產和固定資產這些個別的資產項目，實在不太有趣。不過**只要注意這些資產的比例，就能看出企業的特徵**。比方說有形固定資產的比例，製造業會偏多，雲端服務企業則是偏小。

負債、純資產方面，也表現出了企業籌備資金的方法。企業如何籌備資金，可以說是取決於「企業屬性×性格」。

例如擁有大型設備的製造業，會傾向於用貸款和公司債券來籌錢。如果大型設備可以使用二十年以上，資金回收的期間當然也會變長。

但雲端服務企業卻不能靠耐力撐下去。時代變化的速度很快，所以它們傾向於偏短期的貸款，或是從股市籌錢（發行新股票）。

不過，根據企業（經營階層）的性格，籌措資金的方法也會不同。例如在二〇二一年市值大漲的半導體設備廠東京威力科創，雖然屬於製造業，卻沒有任何貸款（長期貸款為零！），也沒有從股市籌錢。

只要詳讀資產負債表等財務三表，就能跳脫數字、看見企業的整體概況。

會計數據（財務三表等報表內記錄的會計數據），就是**衡量企業的價值、競爭力的基礎**。

也就是說，需要評價某企業的價值和競爭力時，要先看它的會計數據，接著再加上該企業內在的品牌價值和事業展望等定性要素，進行綜合性的評價。

前面提過品牌價值無法用會計表現，但是，無論一個企業的品牌價值再怎麼高，如果沒有賺到實際的利潤，事業就不可能會順利發展吧。縱使可以用品牌價值來衡量未來，但仍需要講求「能持續賺到某個底限金額」這些實際的績效。

蘋果與特斯拉——兩家公司的會計對照

會計上的財務指標長期保持優良的企業，我們通常會說它**「基本面很強」**。

比方說美國的蘋果公司，長年以來都能賺進穩定的利潤，可以算是基本面很強的企業。日本的豐田汽車也是如此。只要基本面夠強，即使收益因為產品召回原廠維修等問題而一時下滑，也不會影響到企業經營。就像豐田汽車在疫情期間依然保持業績，並持續成長。

反之，**「基本面較弱的企業」，就是利潤不穩定的企業**。

以電動車聞名的特斯拉就是最好的例子。特斯拉在二〇二一年十二月的全球市值排名中超越Facebook（Metaplanet）、成為第六名。但是，特斯拉在二〇二〇年初出現黑字以前，自上市以來一直都是處於赤字的狀態。企業之所以能持續在虧損的狀態下經營，是因為市場對該企業的發展期望很高，能夠從市場籌到資金的緣故。

所以，當各位在尋找投資對象時，如果很重視基本面，應該都會覺得要投資蘋果而不是特斯拉吧。但若是不重視基本面，而是著重於設備投資、研究開發、服務改善這些未來的發展，可能就會覺得要投資特斯拉或其他新創企業了。

投資判斷也會因為重視的層面而改變。不過，無論是否重視基本面，還是需要看基本面的資訊才能做出判斷。所以我才會說會計數據是最基本的資訊。

「ＥＳＧ」這個難題——與新設「優質市場」的關聯是什麼？

像品牌價值這類無法用金錢衡量的價值有很多，這些通常沒辦法用會計計算。不過近年來，這個情況卻有了轉變，特別需要關注的就是ＥＳＧ。

ＥＳＧ一詞，指的是環境（Environment）、社會（Social）、公司治理（Governance）這三個詞的簡稱。將ＥＳＧ的觀點用於選擇投資對象的資金運用方針，就稱作ＥＳＧ投資。聯合國曾在二〇〇六年提出了聯合國責任投資原則，當中也包含了鼓勵ＥＳＧ投資。

日本政府退休金投資基金（ＧＰＩＦ），也在二〇一五年簽署了這個原則。

退休金投資基金會以超長期運用鉅額的年金。造成高氣候變遷風險的企業，會為將來的經濟狀況帶來負面影響，所以不符合基金會的投資標的。日本也因為受到這個動向的影響，而開始關注ＥＳＧ投資。

近年來，會在「有價證券報告書」裡記錄ＥＳＧ資訊的企業也愈來愈多了。

就連訂立上市企業行為規範的「二〇二一年版 公司治理守則」，也在舊版的重要改訂部分中明記了下列三項。

① 發揮董事會的功能
② 確保企業中樞人才多元化
③ 致力於永續性議題

①可以對應公司治理（Ｇ），②對應社會（Ｓ），③對應環境（Ｅ）。也就是說，這份公司治理守則就是要求企業強化致力於ＥＳＧ，作為新的義務。因此在有價證券報告書中記載ＥＳＧ活動的企業當然就變多了。

二〇二二年四月，東京證券交易所重劃市場，將原本劃為四個板塊的「市場第一部」、「市場第二部」、「JASDAQ」，更改成「優質（prime）」、「標準（standard）」和「成長（growth）」這三個板塊。

前面提到的公司治理守則，是用來規範優質市場和標準市場的上市企業。而一家公司要在較高等級的優質市場上市，則必須遵守所有守則。

東證的策略，是向ESG投資表現出接納立場，以提高在國際上的信用吧。

不只是財務負責人，許多職員的工作都會改變

ESG已經是企業的「必修科目」。企業及在企業裡工作的商務人士，都必須強烈認知到這一點。

在稍早的時代，曾經流行過CSR這個詞，意指企業的社會責任。但

ＣＳＲ並沒有特地被規範為義務，企業也不是一定要交出ＣＳＲ報告才行，它是所謂的「選修科目」。此外，ＥＳＧ最大的不同點，在於範圍比ＣＳＲ更廣，而且也主動涵蓋了投資和評價。

從今以後，各企業的ＥＳＧ活動都會受到評價，除此之外還會進行企業評價。企業也必須製作正式的ＥＳＧ相關報告。

ＥＳＧ相關的報告是指綜合報告、永續性報告等各種報告，有價證券報告書裡也包含了這些資訊，不過這裡就統一稱作ＥＳＧ報告。

這份報告將會計報告的守備範圍，擴大涵蓋到無法用數值表現的資訊，也就是「非財務資訊」。所以各企業要向投資者等有利害關係的人士，公布自家公司的ＥＳＧ相關目標，並朝著ＥＳＧ的方向行動。

會計原本的作用是履行企業經營者（受託的）責任，要求他們做什麼，並且向利害關係人士宣布他們會執行（承諾）這些事。ＥＳＧ評價、投資，是以非財務資訊，也就是不限於會計利潤的形式來進行。

因為ESG，今後會以財務資訊和非財務資訊這兩方面的評價為中心，來評估各家企業。屆時問題就在於ESG是否能提升企業價值。賺取高利潤的企業顯然擁有很高的企業價值，但問題是擁有高ESG評價的企業，是否就擁有高企業價值。

ESG可以提高企業價值嗎？

ESG活動對企業評價有益的證據，目前已經慢慢地累積起來了。而且，**「企業價值＝事業價值＋非事業用資產＝負債價值＋股東價值」**，股東價值是以當下的股價為基準來評估。ESG活動提高企業價值的管道，主要有下列兩點。

① 對將來的期望提升

第一個管道是藉由投入ＥＳＧ，提高未來期望的淨現金流量（將來有望賺取的現金），使目前的股價上漲。例如電動車的研發現在還無法創造充足的收益，但股價卻會上漲。

② 資金籌備成本下降

社會信用高的人，都能成功申請低利率的房屋貸款。因為他們的信用足以讓銀行相信「這樣的人應該會踏實繳清貸款」。反之，社會信用低的人就只能申請到高利率，甚至根本申請不到貸款。企業也是依照相同的原理在運作，信用愈高的企業能用愈低的成本籌到資金。因此致力於被社會視為「善事」的ＥＳＧ、公布相關資訊，就是評估企業信用度的一個基準。

投資者在尋找投資的目標企業時會留意一件事。在社群網站普及的現在，我們所見的資訊良莠不齊，而在社群網站上引起「軒然大波」的醒目消息，也可能會暫時導致企業的股價動盪。

現在是資訊氾濫的時代，所以資訊經過篩選的有價證券報告書，其價值和可信度都非常高。**若需要某家企業的資訊，不要看社群網站人云亦云，而是先看該企業的有價證券報告書**。雖然是很基本的事，但**「接觸確實的資訊」非常重要。**

ESG是「新的比賽規則」

有些人認為，「積極投入ESG的企業，原本就是經營穩定的企業，企業價值當然會因此提升」，意思就是「投入ESG使得企業價值升高」的因果關係並不成立。

調查ESG對企業價值的影響是新興的研究領域，而且其中的因果關係仍有需多不明之處。不過，綜覽現有的各式研究可以發現，部分行業還是可能會有這種因果關係[*1]。

此外，ESG報告也對企業價值有很大的影響[*2]。

確切來說，**ESG會是今後商業領域的「比賽規則」**，由聯合國推廣的責任投資原則引領這股風潮。

這就是前面也提過的，二〇〇六年當時的聯合國祕書長科菲・安南（Kofi Annan）向金融界提出的國際倡議。在二〇二一年十二月二十八日，已經有全球四六六六家企業，包括日本的一〇一家公司簽署附議。

責任投資原則包含以下六項原則：

① 將ESG議題納入投資分析和決策過程
② 積極行使所有權，將ESG議題整合至所有權政策與實務中
③ 要求投資的對象機構適當揭露ESG資訊

④ 促進投資業界接受及執行本原則

⑤ 建立合作機制以強化本原則的執行效能

⑥ 報告執行本原則的活動狀況與進度

責任投資原則成為「投資者為執行包含ESG觀點的投資活動所遵守的原則」。從投資企業角度來看，**「既然貴公司積極投入ESG，那我們願意投資」**。

實際上，隨著簽署責任投資原則的企業數目增加，ESG分數對企業價值的影響也會更大（引自注1的Irawan and Okimoto 2021）。

＊1 以下論文介紹了多項這方面的研究：Irawan and Okimoto（2021）"How Do ESG Performance and Awareness Affect Firm Value and Corporate Overinvestments?" RIETI Discussion Papers 21-E-033.

＊2 這方面的研究濫觴為：Li, Gong, Zhang, and Koh（2018）"The impact of environmental, social, and governance disclosure on firm value: The role of CEO power" The British Accounting Review, Vol. 50（1）.

簽署責任投資原則的企業，會高度評價並投資ESG分數較高的企業，所以只要簽署的企業變多，ESG分數高的企業，其價值就會跟著升高。

結語

透過ESG，不論是企業還是投資者，都需要了解自己想對人類社會和地球的將來有什麼貢獻。培養價值觀是一種哲學。相較於現在依然保有哲學的歷史和傳統的歐洲，日本人或許不諳此道。

各個企業最好都能因為ESG的潮流，趁現在評估一下自己的經營理念。這不僅會影響包含員工、投資者等利害人士的生存，也可以期望這些人的回饋所帶來的加乘效果。

不然**也可以先把哲學擺一邊，從「形式」切入或許也不錯**。意思就是訂立一個ESG的數值目標，試著去達成。

無論如何，在公司裡實施ＥＳＧ政策，需要注意幾個要點。我就列舉如下，作為這一章的結尾。

①是否追求公司內部對公司整體的方針有共識、意見統一？
（錯誤範例）高層有執行的幹勁，但員工興趣缺缺。

②各個事業部門是否都有執行動力？
（錯誤範例）與ＥＳＧ有直接關聯的部門及沒有關聯的部門，兩者投注的熱忱有差距。

③是否設定並注重ＥＳＧ相關的ＫＰＩ（關鍵績效指標）？
（錯誤範例）只注重利潤，輕忽ＥＳＧ相關的ＫＰＩ。

④是否空有美好的願景，但缺乏具體的成果？
（錯誤範例）在ＥＳＧ報告裡寫了一堆經營理念，卻不寫數據成果。

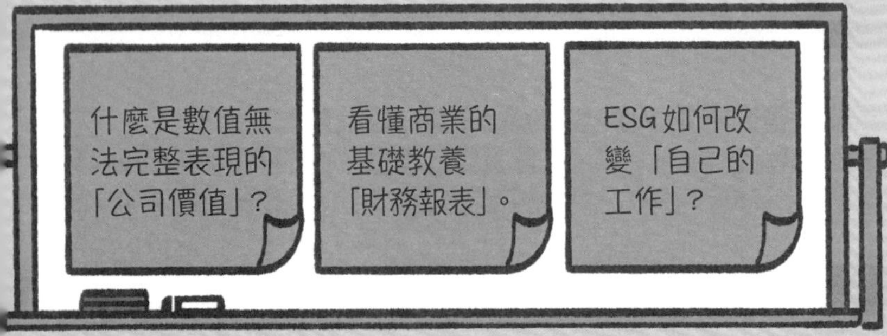
什麼是數值無法完整表現的「公司價值」？
看懂商業的基礎教養「財務報表」。
ESG如何改變「自己的工作」？

重點整理

・會計是記錄企業整體概況的「照相機」。

・深入理解會計，有助於理解世界情勢和經濟。

・近年盛行以無法用金錢評估價值的要素來衡量企業價值。ＥＳＧ是其中的代表例子。

・ＥＳＧ投資的潮流盛行。企業需要積極行動才能獲取ＥＳＧ投資。

・ＥＳＧ正在大幅改變企業講求的價值，以及應當在商業中孕育出的價值。

6章

無用的會議為何無用？能如何改善？

——慶應義塾大學經濟學系教授　坂井豐貴

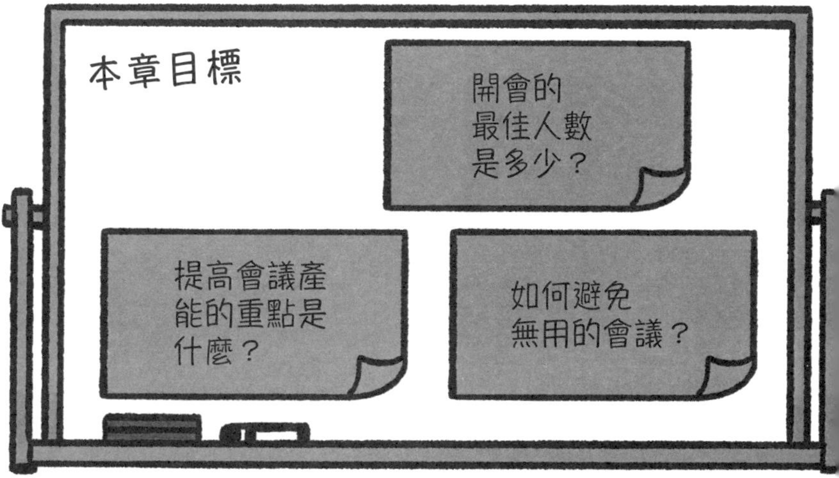
本章目標
開會的最佳人數是多少？
提高會議產能的重點是什麼？
如何避免無用的會議？

判斷品質很差、花太多時間、產能太低……

經濟學能怎麼改善「會議效率」

團體組織一定需要開會。大家應該都曾經在開完會後，覺得「這場會議真有效率」，或是「開這種會根本沒用」吧。

那各位是否想過，為什麼會議會有這種好壞之分呢？**只要明白其中的道理，就會知道如何改善無用的會議**。一個組織通常是在會議中做決策，改善會議就等於是改善組織的績效。

「想要實際改善明天的會議」

與會者要對會議最初的目的擁有共識。

所有組織都是「人造物」。每一個身為「生物」的人集結在一起，才能形成組織。身為生物的人，一開始就擁有大腦、四肢和神經，然而組織並非如此。

組織裡需要特意建構出相當於人類大腦的決策部位，相當於四肢的實際勞動部隊，相當於神經的命令系統。換言之，組織這個人造物必須建立出能像生物一樣動作的架構。這一章，我們就來思考作為組織決策部位的會議。

近年來，「公司治理（Corporate Governance）」的議題非常盛行，常常聽到有人討論要提高監察的獨立性、聘請非執行董事等話題。但我認為這些討論大多過度流於形式，**應該要多一點實質論會比較好**。

例如在董事會裡增設非執行董事的職位，真的可以提高董事會的決策績效嗎？如果非執行董事會揣測握有實質人事權、能夠決定他去留的代表董事的想法，可能就會影響到董事會的決策。而且，公司外部的人就算掌握了外界的訊息，通常也缺乏對公司內部資訊的理解。實際綜觀既有的研究，聘請非執行董事與業績之間，未必是正面的關係*1。

當然，有心履行職責的非執行董事，會小心避免揣摹上意，而明智的代表董事應該也不會高度評價一心只想討自己歡心的人。此外，如果非執行董事擁有來自公司外部的有利情報，或是具備智識和聰慧的觀點，那肯定能為公司業績帶來正面的影響。**最重要的是，某個人加入群體後，是會提高還是降低群體決策的品質。也就是說，重點是要理解一個能做出優秀決策的群體會是什麼樣子，以及他們為什麼能做出優秀的決策。**

究竟什麼樣的群體可以做出優秀的決策呢？這裡需要探討的是實質論。因此，除了經濟學之外，最好還能集合各方面的學識，以建構出一個完整的全貌。討論的出發點是尼古拉・德・孔多塞（Nicolas de Condorcet）提出的「陪審團定理」。現代的社會科學經常引用數學定理來思考，而開拓這個管道的正是孔多塞。他是在法國大革命前夕崛起的數學家，以數學來進行投票制度的分析，也投身於政治。雖然他在革命後的動盪時期殞命，但他提出的陪審團定理至今仍是社會科學的不朽理論。

群體比個人更不容易出錯

孔多塞的陪審團定理是指「群體比個人更能做出正確的判斷」，強調了集體

＊1 這方面的研究代表範例如下：：Sanjai Bhagat and Bernard Black（1999）"The Uncertain Relationship Between Board Composition and Firm Performance" The Business Lawyer Vol. 54, No. 3.

決策的威力。這裡我們就來看代表二十世紀的天才科學家約翰・馮諾伊曼（John von Neumann）如何應用這個定理。

應該很多人都聽說過馮諾伊曼的大名，他為量子力學奠定了數學基礎，並提出了賽局理論。他是現代電腦原理之父的其中一位代表，但他不只是個理論家，同時也是能幹的實務家。

當時的科學技術，尚未發展到能夠完整實現馮諾伊曼理論的程度。電路也經常出錯，例如會將「X」的訊息誤傳成「not X」，或是將「not X」的訊息誤傳成「X」。錯誤的訊息會導致電腦運作失誤。

如果是平庸的研究者，大概會要求技術人員「提高電路的性能」來解決這個問題。因為是電路出了錯，會這麼想也是理所當然。

但是，馮諾伊曼並非庸俗之輩，他要求「電路就維持原本的性能，但讓我使用多條電路[*2]」。他想到的是「電路的多數決原則」，將過去只有一條的電路增加成三條。當三條電路裡有任何一條出錯，導致三條電路的訊息出現分歧時，就以多數決原則為準。

如果電路絕對精準無誤的話，那麼三條電路就會一直傳送相同的訊息。但是電路的性能還不夠高，所以三條電路可能會發生二比一的分歧狀況。這時就會以多數派的兩條傳來的訊息為準。

或許會有人覺得「就算這樣，運作失誤的機率也不完全是零啊？」沒有錯，如果三條電路裡有兩條同時出錯，就會導致運作失誤，但這個機率很低。

假設一條電路出錯的可能性是０・０１，那兩條電路同時出錯的可能性就是

＊2 John von Neumann（1956）"Probabilistic Logics and the Synthesis of Reliable Organisms from Unreliable Components," in Automata Studies ed. by Shannon, C.

「0・01×0・01＝0・0001」，只有萬分之一的機率。也就是說，即使可能會發生單一電路出錯，但兩條同時出錯的機率非常渺小。這就是多數派可以提高正確率的理由。

如果要讓這個理由成立，個別的正確率必須超過五〇％。要是個別正確率低於五〇％，多數派的正確率就會比這個數字更低了。

多數派的判斷正確率，在什麼樣的條件下才會提高？

馮諾伊曼應用於電腦設計的孔多塞陪審團定理，要怎麼樣才能應用於人類社會呢？我先提出這個定理成立的兩個主要條件。

第一個條件是大前提，即所有電路都想對同一個問題提出正確答案，也就是擁有共同的目的。雖然偶爾會出錯，但這些電路總是希望大家一起為共同的問題提出正確答案。

第二個條件，是電路不會盲從其他人的意見、隨波逐流。假設有A、B、C三條電路，而B把A當作老大追隨。如此一來，「A單獨的意見」會變成「群體AB的意見」，再經過多數決原則變成「ABC全體的意見」，這樣就完全失去使用多條電路的意義了。但電路並不會發生這種狀況，所以電路會符合馮諾伊曼的期望，全體做出正確判斷的機率會變高。

這些電路都是各自獨立決策，因此並沒有任何顧慮或揣測，也不會強迫其他電路附和。這種條件就稱作「獨立性」。

社會科學當中，還有其他好幾個定理都指出「多數決原則的判斷較為出色」。就我個人所知，這些定理全都將剛才提出的「共同目的」和「獨立性」條件視為關鍵。**這兩個條件要是有任何一方未能符合，就無法發揮出多數決原則的**

優勢。

陪審團定理主張人數愈多，多數決原則的正確率會愈高。如果電路總共有三條，可以容許其中一條出錯；如果電路總共有五條，可以容許其中兩條出錯；如果電路總共有七條，則可以容許其中三條出錯。容許的比例是三分之一、五分之二、七分之三，逐漸上升。

假如全體人數是一〇一人，可容許的出錯比例就有五十人、將近五〇%。全體人數愈多，容許出錯的人數比例愈高，所以多數決原則才可以輕易做出正確的判斷。

但是，或許會有讀者覺得「哪有可能每次開會都表決啊」。說的也是，大部分的會議都是在現場無人反對的氣氛下繼續進行，並沒有嚴格的投票手續。

但是，**人類群體非常容易通過多數派的意見**，少數派也會認為「大多數人都這樣了，那也沒辦法」或是「多數人的意見應該代表正確」，於是往往會服從多數派。這就等同於採取了事實上的多數決原則。所以孔多塞陪審團定理，也適用於這種會議。

「所有人有共同的目的，不互相揣測」是必要條件

我們重新將陪審團定理的理論，套用在人類群體的決策場合來看看。

假設我們已經滿足了第一個大前提「共同的目的」，接著就要來思考第二個條件「獨立性」。

首先，不具備任何資訊跟沒有思考能力的人，就無法滿足獨立性的條件。因為這種人只會盲從他人的判斷，或是隨波逐流。

若要提高群體決策的精準度，會議的參加者必須要有資訊能力，也要有思考能力，否則就違反了獨立性，會降低全體得出正確決策的機率。

有些人雖然擁有資訊和思考能力，卻「嫌麻煩而隨便下決定」。這種人也適合出席會議嗎，答案當然是不。

因為嫌麻煩而隨便下決定的人，就像是用抽籤來隨機做出判斷。用擲硬幣來比喻，即是YES和NO的判斷，會有五〇％的機率選到正確答案。但孔多塞的陪審團定理，必須要每一個人的正確率超過五〇％才能成立。

此外，嫌麻煩而隨便下決定的人，也很有可能會追隨別人的判斷，或是隨波逐流。這當然也違反了獨立性。

結論就是，一群獨立的人擁有共同的目的，是使群體妥善運作的條件。除了陪審團定理以外，其他關於群體決策的定理，大抵也都是相同的結論。

舉例來說，孔多塞是將數學帶入社會科學的始祖。他所播下的種子，在二十世紀以後先是在經濟學，接著在政治學和社會學萌芽。而近年的重大成果之一，就是多樣性定理。這個定理的原始名稱更長，叫作「Diversity Trumps Ability

Theorem」，直譯是「多樣性勝過才能定理[*3]」。

這個定理指出「在解決需要運用各種認知能力來解決的問題時，擁有多樣性成員的群體，會比單一高能力者更快解決問題」。

人的認知能力擁有廣泛的多樣性，我們每一個人的專長都各不相同。多樣性定理讓會議方面的研究得出一個觀點，就是「各個成員將自己的能力帶進會議就好」。而這個多樣性定理，同樣也需要有共同的目的和獨立性。

解釋得更詳細一點，在群體決策中，所有人都必須朝著相同的方向前進。因此大家必須擁有共同的組織任務和展望，而且也需要有共同的利害。

經營組織的人應該都很清楚，這做起來並不簡單。而且每個人都必須獨自思

＊3 Lu Hong and Scott E. Page（2004）"Groups of diverse problem solvers can outperform groups of high-ability problem solvers" Proceedings of the National Academy of Sciences Vol. 101（46）.

考，不可揣摹上意，也不可顧慮下屬。每個人都必須貢獻自己的能力，做出不討好任何人的判斷。

這些並不是道德勸說，只是從陪審團定理和多樣性定理得出的深層含義，有數學理論佐證，接著只要用於追求實際效益就好。

蜜蜂為什麼可以做出「最好的決定」？

大家擁有共同的目的，不互相顧慮和揣測。這真的很難做到嗎？但這件事之所以如此重要，是因為既然它都已經表現成定理了，那最好就要強烈意識到它。而我要談的是能夠做到這件事的生物，就是蜜蜂。

蜜蜂經常會成群結隊遷徙。此時，會有數百隻蜜蜂尋找新的住處。由於自然界沒有戶籍跟所有權這種東西，所以牠們有很多地方可以選擇，沒有辦法一隻一隻去巡視所有可以搬遷的地方。

因此，蜜蜂會採取下列方法來選出新住處。

首先，牠們會分成好幾個團隊。

第一隊的蜜蜂會各自巡視幾個候補地點，然後回到原點集合，用跳舞的方式表現「我覺得可以住這裡喔」。蜜蜂的舞蹈就跟人類的話語有相同的作用。

第二隊蜜蜂會參照第一隊建議的地點出發去巡視，回來後同樣用舞蹈表現自己中意的地點。接著是第三隊、第四隊去巡視，最終篩選出一個候補地點。

根據某位昆蟲學家的研究，蜜蜂會藉由這個過程，從眾多候補地點中找出最好的住所[*4]。這麼做絕不是理所當然，畢竟沒有任何一隻蜜蜂走遍所有候補地點。

＊4 主要參考文獻如下：Thomas D. Seeley (2010) Honeybee Democracy, Princeton University Press.

但蜜蜂能做好決策，是在評價候補地點時，不會受到前任者的判斷左右。

前任者可能會做出錯誤的判斷，推薦了不好的候補地點。後任者蜜蜂要是顧慮前任者的心情，跳了「我也覺得這裡很好」的舞，就會讓錯誤的資訊延續下去。蜜蜂不會有這種顧慮，牠們從不揣測。

蜜蜂們一直都有找出候補地點的共同目的，所以才能為了這個目的做出獨立的判斷。

開會的最佳人數是多少？

關於開會的最佳人數，沒有任何研究提出保證正確的通用答案。追根究底，會議並沒有實際彙整的數據資料可以參考，畢竟沒有哪個組織團體會將每一場會議的資料對外公開，或是曝露自己的機密情報。

不過，只要瀏覽各種經驗談和實驗研究，還是可以發現堪用的資料。

此外，也有研究比較了各國金融政策委員會，像是日本的日銀政策委員會這類組織的資料。這些委員會都有公開的人數和成員名單，而且從委員會的成果還能看出該國的金融情勢。當然，金融情勢並不是只靠金融政策委員會的力量就足以決定，但終歸是其中一個要素。

Erhart, Lehment, and Vasquez－Paz等人調查了金融政策委員會的人數，與物價穩定性的關聯。他們得出的結論是，由五人、七人、九人組成委員會的國家，物價比較穩定[*5]，並不是人數多就會提升穩定性。這些研究並沒有很嚴謹地調查人數與物價穩定性的因果關係，卻是相當罕見以實際會議為題材的研究，非常

---

*5 Szilard Erhart, Harmen Lehment, and Jose L. Vasquez Paz（2010）“Monetary Policy Committee Size and Inflation Volatility” International Economics and Economic Policy, Vol. 7.

具有啟發性。

有幾項有力的研究並不是參照實際的會議，而是透過實驗模擬會議或相似的情境，分析人數對結果的影響。大致來說，結論就是「五個人的群體，比單獨一人更能正確且迅速察覺狀況的變化」。這或許是理所當然，畢竟五人就相當於有五個雷達，當然比一個人更容易察覺狀況的變化。

但若是四人或八人的群體，對狀況的察覺卻幾乎沒有差異。這就不是理所當然了吧。**代表並不是只要增加人數，判斷的品質就會上升**。

美國在一九七〇年前後，將幾個州的陪審團人數從六人增加為十二人。但後來卻有很多人指出，這項變更導致陪審員之間的討論不如以前那麼確實。

可見超過十個人，這個人數對會議來說就太多了。我也算是讀了不少會議相關的論文，但沒有任何一篇的結論是「十人以上尤佳」。

孔多塞的陪審團定理，指出人數愈多，多數決原則的正確率就會愈高。這是數學定理，照理說應該正確無誤。那為什麼人類卻無法得出符合這個定理的結果呢，主要的理由有兩個。

第一，**人會偷懶**。就算自己不做，也會有其他人幫忙做，所以自己不必努力。這個推論聽起來似乎很正當，而從實驗研究來看，這種時候人真的會偷懶。但這種情況不能一律視為怠惰，也有可能是沒有努力的價值。**這與其說是本人的問題，不如說是職場環境的問題。是職場環境不值得讓人努力**。

這是有權力決定會議成員的人，最好要費心注意的地方。因為愈積極追求成長的人，都不願意處在那種會削弱自身熱情的狀態。但人往往會用「為求謹慎，你也來參加」這種理由，輕易地增加會議的出席人數。如果會議人數已經很多，**就會降低這種人的努力意願，而要是這種人努力去做，可能又會使其他人不願意努力**。

第二，**人數一多，就會壓縮每個人的發言時間**。會議通常有時間限制。如果發言內容要有意義，每個人都需要足夠的發言時間。我所參加的政府機關的研究會，出席者大約是四十人，長度為兩小時，沒有時間講閒雜的內容，也不能進行激烈爭辯。

孔多塞的陪審團定理，並沒有考慮到個人意願和發言時間，所以才會得出人數愈多愈正確的結論。

而就連孔多塞的陪審團定理，也指出就算人數愈多、好處愈多，但好處增加的幅度也會變小。用經濟學的說法，就是邊際效益會遞減。而隨著參加人數增加，人事費幾乎也會等比例增加。

總而言之，**即使人數增加使得好處變多，好處的增加幅度也會愈來愈小，而人事費會等比例持續增加**。所以在人數增加到某個點以後，壞處就會開始多於好處了。

那麼，這個點在哪裡呢？

我個人的答案是，在比較單人與多人的績效時，幾乎所有實驗都證明多人更佳。但是在人數從四人或五人往上增加後，績效卻不會變得更高，就整體來看反而下滑的傾向更強。

那究竟是四人好還是五人好呢，**我個人是建議五人**。當成員之間意見分歧時，奇數才不會導致正反論點的支持數平手，可以依多數決原則來決定。五人也可以確保每個人的發言時間，每一位都可以感覺到自己在會中占一席之地。

那三人和五人又是哪個好呢，這沒有明確的答案。也有部分實驗的結論是當人數多於三人時，群體的績效不會更高。

剩下就是根據現場狀況來判斷了。不過最適當的參加者人數，範圍可以縮小成三人或五人。這個見解會讓事情做起來方便許多。

結語

人的團體行為，為社會科學締造累積了許多學識，這裡提到的成果僅僅只是冰山一角。實際上，需要參照好幾項符合自己現實狀況的研究、詳盡探討後，才能確定是否適用這些成果。比方說，找出接近「選擇投資對象的決策，最好要有幾個人」這個現況的研究來探討。

這一章沒有談到的議題還有很多，像是溝通成本。本章談了多樣性的好處，卻沒有講述其壞處。多樣化的參加者會增加溝通成本，這就是壞處。極端地說，要是所有人都只會使用各自不同的語言，那就不可能互相理解。多樣性未必代表樣樣都好。

因此，我最後想要再強調一次，重要的不是形式論，而是實質論。千萬不能混淆手段跟目的。

提高會議產能的重點是什麼？
開會的最佳人數是多少？
如何避免無用的會議？

重點整理

- 會議最關鍵的重點，是大家擁有共同的目的，以及不揣測其他參加者的想法。
- 如果有人會營造出不允許參加者自由發言的氣氛，就不該讓他參加會議。
- 即使好處會隨著人數的增加而變多，但好處的增加幅度會遞減，同時人事費會與人數等比例持續增加。
- 不能因為「總覺得」或「謹慎起見」就增加開會人數。
- 群體並不是個人的總和。人數增加可能會導致所有人的幹勁總和減少。

終章

只要為商業加入經濟學觀點，就能加速拓展新商機

——Economics Design有限公司共同創辦人．代表董事　今井誠

站在已經實踐「經濟學×商業」的立場，我才能這麼說

我是本書的作者當中，唯一不是學者身分，而是屬於商業領域的人士。二〇〇〇年代前半，我在一家名為IDU有限公司的不動產新創企業上班，當時正處於網際網路泡沫（科網泡沫）的時代。這家公司是不動產業界的風雲人物，在當時率先引進資訊科技和拍賣系統，致力於許多嶄新的作法。我也曾在不動產拍賣事業的第一線工作。

當時我根本不知道什麼「拍賣理論」，只能在暗中摸索。如今回想起來，要是我已經熟悉拍賣理論的話，很多事情應該會進行得更順利。我在這段時期累積拍賣實務的扎實經驗，現在都成為將經濟學投入商業實務的珍貴資產。

雖然ＩＤＵ並非只靠不動產拍賣，但最終成長到在東證Mothers上市。之後我自立門戶，從事不動產顧問諮詢和新創企業的投資。

二〇〇八年，新興的不動產新創企業大多因為雷曼兄弟事件，面臨了經營困境。當時，ＩＤＵ也同樣進入艱困時期，之後，不動產拍賣事業改由Due diligence & Deals公司接手經營。我也加入成為該公司的管理成員，又再次接觸了不動產拍賣。

二〇一七年，我尋找在不動產拍賣方面如何與其他公司做出差異化的方法時，得知有許多美國企業都會聘請經濟學博士。就是我在第一章提過的，Google公司的哈爾・范里安。

在美國，將經濟學的學識導入商業管理已經是天經地義。然而當時日本絕大多數企業，都還沒有這種思維。因此，我便向我國高中的同學，專門研究拍賣理論的坂井先生尋求協助。運用其他公司所沒有的，**由穩健的學識建立的方法，幫**

自己的事業做出差異化、向上成長。

在我運用先進的學識做出差異化，以提高企業認知度的活動過程中，接到很多與不動產拍賣無關的事務，都是有關拍賣理論和經濟學的商業實務運作的諮詢。這些並非不動產公司能夠受理的事務。

於是，我開始認為需要有專人處理這些事，便在二〇二〇年和坂井、星野、安田先生等人共同創辦了Economics Design有限公司。從此以後，我開始跟多位經濟學家一同共事，並且得到了許多覺察。

因此，接下來我想要談的，**是商務人士該如何與經濟學家建立關聯、如何將經濟學導入商業之中**。

這是我想要強調的一點，但我要說的並不是以顧問的身分尋求建議這種比較淺薄的關聯，而是像美國的作法一樣，**商務人士與經濟學者攜手合作，「面對商業上的重大課題」或是「創造全新的商機」這類更深入的關聯**。

將經濟學實際運用於商業的三個重點

不是「請老師教導」，而是「共同解決」

為了解決當下面臨的商業課題而尋求經濟學家協助時，大家都是抱著什麼樣的心態呢？

在我過去以某些方式接觸過的企業當中，我最常見到的都是「請教」的心態。**商務人士很容易產生請求經濟學家教導的「學生」心態。**

大家或許覺得，畢竟自己是為了請經濟學家解決商業課題才會接觸對方，所以難免會有這種心態。但這樣會造成**天大的誤解**。

經濟學家並不會像降下天啟一樣，明確地解決商業課題。他們終歸只是「經濟學的專家」，就算他們精通有助於商業管理的經濟科學和工程學，也並未通曉商業知識。所以就算各位自認是「學生」，也無法得到天啟。

話說回來，這世上有很多種商業模式，各自的情形、背景、基礎知識都各不相同。這就是所謂的「產業知識」。經濟學家通常並不具備商務人士在業界特有的產業知識。例如坂井先生雖然有拍賣理論的專業知識，但他不可能熟知不動產業界的商業慣例，以及與不動產所有者的交涉方法。這是很正常的現象。

所以，如果要運用學識來解決商業課題，商務人士需要先向經濟學家提供產業知識。要**與經濟學家共享「接觸本公司事業時最好要明白的事」、「本公司業務相關的基礎知識」這類商業方面的常識**。不要抱著單方面「受教」的心態，而是需要具備先主動「教導」的意識。

這些說來簡單，實行起來卻很辛苦。對商務人士來說，產業知識是「常識」，未必是用言語的方式認知這一切。必須要將這些用言語表達出來，與經濟學家詳細地溝通。這項作業需要耗費時間和勞力，也就是成本所費不貲，但若是吝於付出這些，事情就絕對不會順利。

重要的是，我們不該將經濟學家視為「老師」，而是要當作共同面對課題的「同伴」。當然經濟學家也需要具備這種心態，不過對平常習慣站在「老師」立場的人來說，這並不容易。不論這位經濟學家有多麼享譽國際，倘若無法建立這個心態，就無助於解決商業課題。

最好要知道「經濟學家的思維」

此外，**我們與經濟學家重視的地方可能不一樣**。

舉例來說，坂井先生在拍賣上重視的是「容易哄抬價格」。拍賣是由下標者競爭出價，所以很容易抬高價格，這對我們來說確實也很重要。

但是，我最重視的是**事業的可延續性**。就算每一次都進行得很順利，我關注的依然是作為一門事業，這個狀態是否能夠一直延續下去。

即使得到非常好的結果，要是公司難以繼續維持這個環境，事業就無法進行下去，而且也需要考慮性價比。「雖然做不到滿分，但要持續做到及格」這件事，也是在活用學識時應當要注重的事。

懷抱著「重現良好的過程和結果進行下去」的意識，可以幫助你發現如何將經濟學應用於你所在的業界。經濟學家與自己的事業、業界究竟重視什麼，讓兩者互相磨合才是最重要的。

商業方面首先需要的不是學識，而是「發案能力」

剛才談到，商務人士與經濟學家之間應當要避免「師生」關係，而是成為「同伴」。但是**要找到同伴，得先遇見才行**。

經濟學哪個領域的研究可以解決自己的商業課題，而專精這方面的經濟學家又在何方。

如果找不到這些答案，一切都無法開始。經濟學有哪些領域或研究，這些又適用於什麼樣的商業課題。就算沒有深入了解，至少也要淺顯廣泛地掌握經濟學的整體概略。

關於這一點，果然還是美國的企業比較貪婪，發展比日本企業早了好幾步。

Google和Amazon依然是個好例子，這些公司裡能幹的經濟學家不只是會運用自己的學識，還能提出「這個課題可以套用某某大學的某某研究」、懂得發揮篩選知識的能力。

遺憾的是，日本的企業還沒有普遍聘請經濟學家的風氣。因此，企業要具備這種篩選能力應該非常困難。

那要怎麼辦呢。既然內部沒有這個能力，最有效的方法就是向外尋求。我不想說得像是在打廣告，不過實際上，我經常接到這類諮詢。本公司Economics Design的其中一個強項，就是具備這個能力。

這個說詞也是源於我自身的經驗。就拿拍賣理論來說，有些學者進行的是非常貼近現實的研究，但有些則否。身為商務人士很難分辨其中的區別，必須借助專家的判斷。就算是擁有學術成就的人，也大多難以站在「同伴」的立場解決課題。而且，雙方必須長期以同伴的身分共同解決課題，所以彼此的配合度也很重要。專攻領域、性格，以及配合度，都需要仔細辨別。而這個過程就像是在篩選求職者一樣，一旦找錯人選，後續影響深遠。

此外，經濟學家常有的特性，就是不會插手自己專業領域以外的事情。如果他對問題的內容並不具備充足的知識，就會堅持「這不屬於我的專業」，而不願意回答。

這一點在學術界是誠實的表現，但是商業界就會認為「就算不確定也無妨，拜託給個答案」。這並不代表他性格惡劣，而是環境差異造成的價值觀差異。**學術界追求高確定性的真理，與就算不確定也要追求效率的商業現場大不相同。**

重要的是商務人士和學者都要了解這之間的差異，而且雙方都要接受對方的立場，共同解決商業課題才是當務之急。

這也是說來簡單，但需要一點一滴慢慢改變觀念，難度很高，而且十分傷神。甚至會有人因此感到不悅。

彼此都能認識這個差異、成為願意共同解決問題的同伴，這一點非常重要。能將學識實際運用在商業上、擁有提升企業收益的能力與特性的經濟學家，在日本還相當少見。因此他們屬於稀少資源，最好能及早著手、拉攏他們成為同伴。而我本身也希望能找到更多擁有這種意識的經濟學家。

學識是一種超越「過去的經驗法則、成功經驗」的工具

與經濟學家共同致力於解決商業課題，這對於日本絕大多數的商務人士來說，應該都是全新的經驗和挑戰。不過，我想告訴大家在這種情況下，**過去的經驗法則和成功經驗，可能會造成阻礙**。

有某種成就的人，都有一套從自己的經驗導出的成功法則。但是這個成功經驗，可能會讓他難以接受來自外界的全新見識。

這麼一來，他聽到經濟學家提出的方法，表面上會覺得「恍然大悟」，但實際到了現場卻完全沒有嚴密執行。成本都已經花下去了，卻始終進行得不順利，於是最後只能遺憾收場。

話說回來，要改變過去習慣成性的作法並不簡單。站在經營者的角度思考，既有的成功經驗不可能一直延續下去，尤其近幾年的變化快得離譜。在幾年前，各位有想到遠距辦公等多元化的工作方式和數位化轉型，進展的速度會這麼快嗎？我認為正是在這種數位造就變化的時代，活用經濟學才更加重要。

其實，起初我並沒有預料到這個問題。或許是因為我本身完全不抗拒將學識應用在既有的商業模式上吧。

不過，實際為各種企業和經濟學家仲介後，我才明白原來人的思想會受到自己的經驗法則和成功經驗侷限。

聽到不懂商業實務的經濟學家提出的意見，商務人士可能會忍不住想要反駁說「用我們一貫的作法就能順利進行了」。但是，過去的經驗法則和成功經驗，往往也只是一種「隱約」的感覺。

接受這個事實，如果需要在時代的變化中追求更好的結果，**分析資料、聆聽**

已經過各項研究佐證的專業學識意見，也是一個解決方法。善用經濟學家的能力，從既有的數據資料中發現新的成功法則（勝利模式），和身為同伴的學者一起努力思考如何運用這個新發現的法則。

當然，這些學者未必熟悉產業知識，我們可能會不認同他們提出的意見，或是覺得不對勁。在這種情況下，一定要提問和討論。要用「利用」學者的心態去做，最終才會得利。美國的企業就非常善於秉持這種心態。

畢竟這是將學識應用於商業的全新嘗試，所以用全新的頭腦和心思來面對才會剛剛好。

經濟學是打破「落後全世界的日本」現狀的王牌

本書的根本，是**我自身「經濟學對商業大有助益」的體悟，以及我對日本企業乃至日本經濟的危機意識**。

同樣是二、三十年的時間，美國締造的變化與日本締造的變化卻有非常大的差距。有各種數據資料足以證明這一點。兩者活用學識的態度實在是差太多了。美國的企業總是非常貪婪地想將學識運用在商業上。

學識就是該善加運用啊。**乍看之下的新課題，通常也是在過去的人類史上已經有人在某些領域面對過的課題**。

這件事在過去早已有人思考過了。這是非常實用的資訊，是「站在巨人的肩膀上」。

當然，這個過去某個人的課題，不可能跟現在自己的課題完全相同。但是與自己狹隘的經驗和獨有的成功法則相比，學識已經過體系化、累積了一定成果，其可信度和重現度都截然不同。

察覺就是行動的開始。**如果你多多少少也覺得「經濟學可能對商業有益」，可以先試著與經濟學家談談看**。

就算彼此無法用經濟學的邏輯談話也無所謂。最好的作法，是先設法讓對方明白自己有什麼商業課題、想要做出什麼成果。如果你覺得這樣做難度太高，可以找我們 Economics Design 諮詢，或許可以助你一臂之力。

只要能逐漸降低經濟學與商業之間的隔閡，經濟學家的就業範圍也會更寬廣。如此肯定也能像美國一樣，開創出企業聘請許多經濟學博士的未來。日本企業的產能也肯定會因此提高。屆時，持續低靡的日本經濟應該就會活絡起來。

我認為**經濟學終究是處理金錢的學問，正式投入實務運用的潛力非常高。**

「用經濟學找出答案」是高成功率的成長策略

尤其在日本，大多數人還是覺得「經濟學不就是紙上談兵的無用理論嗎？」但是反過來看，在日本國內的競爭中「運用經濟學找出答案」這個作法會有優勢，像是利用動態定價等訂價研究來擴大收益、分析顧客行為來改善收益、根據企業內部的數據資料來改善行動等等，可以做的事非常多。在遠距辦公等行為改變正逐漸扎根的現在，才更需要運用這些學識，有效率地提高收益。

舉例來說，拍賣理論的研究已經有六十年以上的歷史。但日本卻有很多企業雖然以拍賣為事業軸心，卻完全不知道有拍賣理論。所以我才會在坂井先生的協助下，將拍賣理論導入不動產拍賣，將拍賣的精準度可視化，提高成功的重現機率。最終我確立了一套成功法則，建構了有效率、高精準度的拍賣模式。尤其拍賣需要舉行後才會知道價格高低，所以才會重視成功的重現機率。

並不是「要有Google的水準才能活用經濟學」

全新的嘗試總是伴隨著艱困。即使將經濟學應用於商業，也很難一開始就順利無虞。

遇到難關時，你或許會失去信心，覺得「我們公司沒辦法套用經濟學的學識」。但就算是已經能順利運用的企業，肯定在起步當時也經歷一番摸索。只是「成功採納了經濟學」這個部分最引人注目而已，它們在成功以前肯定已經有過無數次的試誤。

Google和Amazon也是人經營的企業，所以肯定只要學會就能做到。我本身就是深信這一點，才會將經濟學套用於不動產拍賣的商業模式。在日本，只要宣稱「美國的某某企業活用經濟學，而且大獲成功」，就能輕易說服各大公司效仿。請大家一定要挑戰看看。

學問本來就是普遍、且通用性高的知識，並不是只有Google和Amazon才通用。

最後，我要告訴閱讀本書的經濟學家。企業管理一言以蔽之，就是「讓自己心目中的理想更接近現實」。我覺得，現在已經有愈來愈多企業人士，發現經濟學就是能強力推動企業管理的工具。

商務人士對經濟學的需求變高了，那經濟學家該如何回應呢。大學並不是營利組織，追求的效率與商務人士不同，或是很難做出符合商業考量的判斷。

所以，大學與企業的產學合作型態雖然適合做研究，但用來經商的話卻很難成功。

經濟學家分析企業的即時資料，活用自己研究領域的見識，逐步解決課題。這樣不管是作為研究、還是用於商業都能持續進步。我認為這是我們應當追求的未來理想。

今後，為了將經濟學實際運用於商業，理解並聯繫商務人士和經濟學家的能力會愈來愈重要。需要講求如何協調雙方的觀念、職責和熱忱。

經濟學在商業上的實務應用，才剛開始在日本起步。今後我們就一起來努力開拓吧。

若您在閱讀本書後，對經濟學在商業上的實務應用產生興趣，請參考Economics Design公司主辦的線上課程「Night School」，以及介紹如何解決企業課題的同公司官方網站。關於課題的解決，可以透過電子郵件諮詢討論。

https://econ.news/

info@econ.news

作者簡介

編著者 今井誠

Economics Design有限公司共同創辦人・代表董事

一九九八年關西學院大學商學系畢業。曾任職於金融機構，在ＩＤＵ有限公司（現為日本Asset Marketing有限公司）草創時期開始從事不動產拍賣業務。曾經手不動產投資基金，之後自立門戶。二〇一八年就任為Diable有限公司代表董事、Due diligence & Deals有限公司董事，致力於將經濟學應用於不動產拍賣業務。為了更進一步挑戰經濟學在商業上的實務運用，而創辦了Economics Design有限公司。

編著者 坂井豐貴

慶應義塾大學經濟學系教授、Economics Design有限公司共同創辦人・董事

二〇〇五年美國羅徹斯特大學經濟學博士班畢業（取得博士學位）。曾任橫濱國立大學副教授，二〇一四年起就任為慶應義塾大學教授。專攻機制設計（mechanism design）。曾任東京經濟研究中心業務總監、讀賣新聞讀書委員、朝日新聞書評委員。現為Due diligence & Deals首席經濟師、Gaudiy經濟設計顧問、美露可利諮詢委員、Stake Technologies Pte. Ltd.顧問、日本區塊鏈協會顧問。主要著作《多数決を疑う》（岩波書店）摘錄於高中國文檢定教科書。著作已翻譯為亞洲多國語言版本。

作者 上野雄史

靜岡縣立大學管理資訊學系教授、Economics Design有限公司資深分析師

二〇〇〇年關西學院大學商學系畢業，二〇〇二年取得碩士學位，二〇〇七年取得博士學位。二〇〇五年起擔任靜岡縣立大學管理資訊學系助教，二〇一二年後擔任現職。專業為財務會計、經營分析。以會計學的觀點研究年金、保險、風險的三角關係。二〇一一年榮獲日本年金學會創立三十週年紀念獎佳作，二〇一二年榮獲生命保險文化中心優秀論文獎，二〇一七年榮獲日本風險研究學會大賽優秀發表獎。

作者　星野崇宏

慶應義塾大學經濟學系教授、Economics Design有限公司共同創辦人・董事

二○○四年東京大學研究所綜合文化研究科博士班畢業，學術博士，經濟學博士。曾任職於名古屋大學研究所經濟學研究科，現為慶應義塾大學經濟學系教授、慶應義塾大學經濟研究所所長。二○一七年開始兼任日本ＡＩ研究的核心設施、理化學研究所ＡＩＰ中心的團隊隊長。曾任行為經濟學會會長，市場行銷科學學會理事。榮獲政府頒發給四十五歲以下研究員的權威大獎、日本學術振興會獎（二○一七年）。於內閣官房、經濟產業省、內閣府、總務省等機構從事ＥＢＰＭ和助推政策應用、改善政府統計業務。目前擔任ＮＴＴ docomo、Money Forward、Yahoo研究所技術顧問，及其他金融、流通零售業者、網路服務、廣告代理商等多種行業的顧問。

作者　安田洋祐

大阪大學研究所經濟學研究科教授、Economics Design有限公司共同創辦人

二○○二年東京大學經濟學系畢業。榮獲頒發給最優秀畢業論文的大內兵衛獎，成為經濟學系畢業生代表。留學美國普林斯頓大學，二○○七年取得經濟學博士學位。曾任政策研究大學院大學助理教授，二○一四年起擔任現職。專業為市場設計、賽局理論。曾在American Economic Review等多本國際經濟學術期刊上發表

論文。透過為報章雜誌、網路媒體撰稿（合計二五〇篇以上）、參與電視節目演出（合計五百次以上），致力於推廣資訊。曾任朝日新聞論壇委員會、政府機關審議會（環境省、經濟產業省、財務省等共十五個委員會）委員。

作者 山口真一

國際大學全球交流中心副教授、Economics Design有限公司資深分析師

二〇一五年慶應義塾大學經濟學研究科博士班畢業（經濟學博士）。二〇二〇年起擔任國際大學副教授。研究領域為網路媒體論、資訊經濟論、資訊社會的商業模式等等。曾榮獲KDDI Foundation Award貢獻獎、組織學會高宮獎、情報通信學會論文獎（兩次）、電氣通信普及財團獎。主要著作有《正義を振りかざす「極端な人」の正体》（光文社）、《なぜ、それは儲かるのか》（草思社）、《炎上とクチコミの経済学》（朝日新聞出版）、《ネット炎上の研究》（勁草書房）等等。現為東京大學客座研究員、早稻田大學商學院兼任講師、SIEMPLE有限公司顧問、日本經濟新聞Think!專員、總務省、厚生勞動省檢討委員，另外也積極透過媒體向一般大眾推廣資訊。

拋開既定印象，用最新經濟學手法解決問題

出　　版／楓葉社文化事業有限公司
地　　址／新北市板橋區信義路163巷3號10樓
郵政劃撥／19907596　楓書坊文化出版社
網　　址／www.maplebook.com.tw
電　　話／02-2957-6096
傳　　真／02-2957-6435
編　　著／今井誠、坂井豐貴
作　　者／上野雄史、星野崇宏、安田洋祐、山口真一
插　　畫／Mizmaru Kawahara
翻　　譯／陳聖怡
責任編輯／黃穫容
內文排版／謝政龍
港澳經銷／泛華發行代理有限公司
定　　價／420元
出版日期／2025年4月

國家圖書館出版品預行編目資料

拋開既定印象，用最新經濟學手法解決問題！／上野雄史，星野崇宏，安田洋祐，山口真一作；今井誠，坂井豐貴編著；陳聖怡譯. -- 初版. -- 新北市：楓葉社文化事業有限公司, 2025.04　面；　公分

ISBN 978-986-370-785-1（平裝）

1. 經濟學　2. 商業管理

550　　114002226